@kriegundfreitag

Das Männchen ohne Eigenschaften

@kriegundfreitag

Das Männchen ohne Eigenschaften

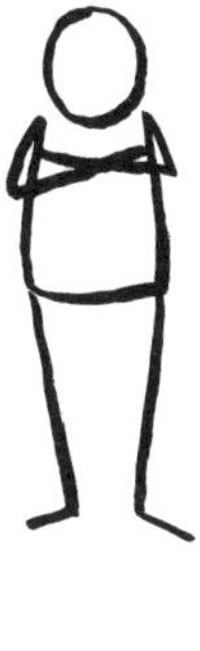

Reclam

RECLAMS UNIVERSAL-BIBLIOTHEK Nr. 14578
2024 Philipp Reclam jun. Verlag GmbH,
Siemensstraße 32, 71254 Ditzingen
info@reclam.de

Druck und Bindung: Druckerei C.H.Beck,
Bergerstraße 3–5, 86720 Nördlingen
Printed in Germany 2025
RECLAM, UNIVERSAL-BIBLIOTHEK und
RECLAMS UNIVERSAL-BIBLIOTHEK sind eingetragene Marken
der Philipp Reclam jun. GmbH & Co. KG, Stuttgart
ISBN 978-3-15-014578-4
reclam.de

FSC www.fsc.org MIX Papier | Fördert gute Waldnutzung FSC® C019821

Inhalt

Voll

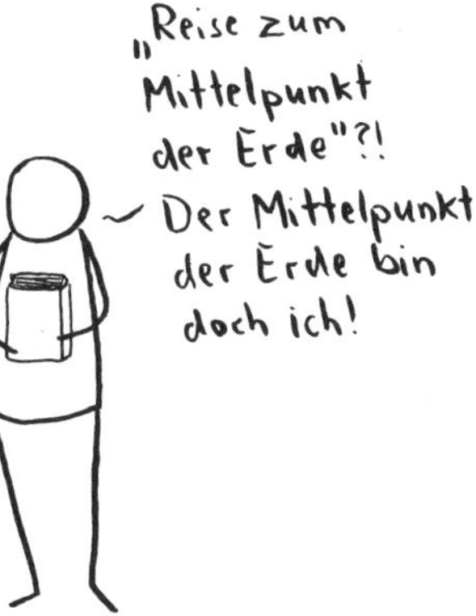
„Reise zum Mittelpunkt der Erde"?!
Der Mittelpunkt der Erde bin doch ich!

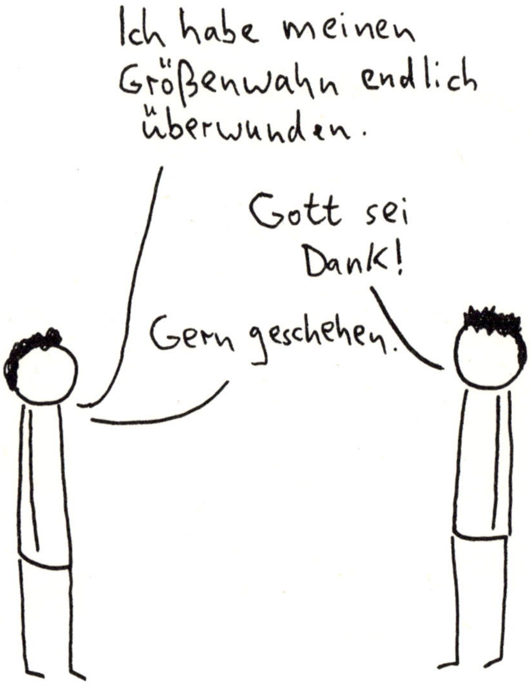
Ich habe meinen Größenwahn endlich überwunden.
Gott sei Dank!
Gern geschehen.

Adam, nachdem er gerade von Gott erschaffen wurde:

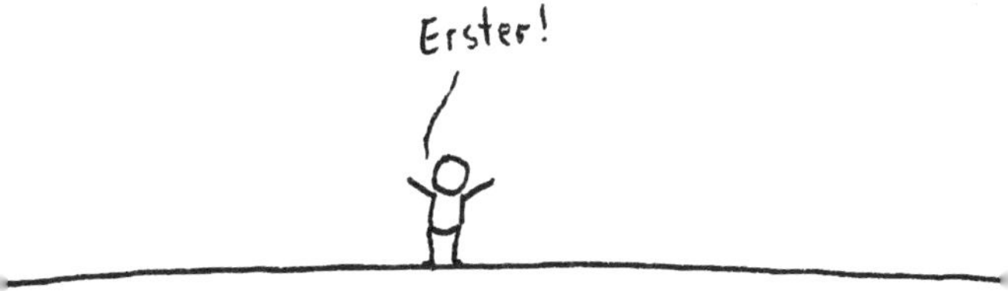

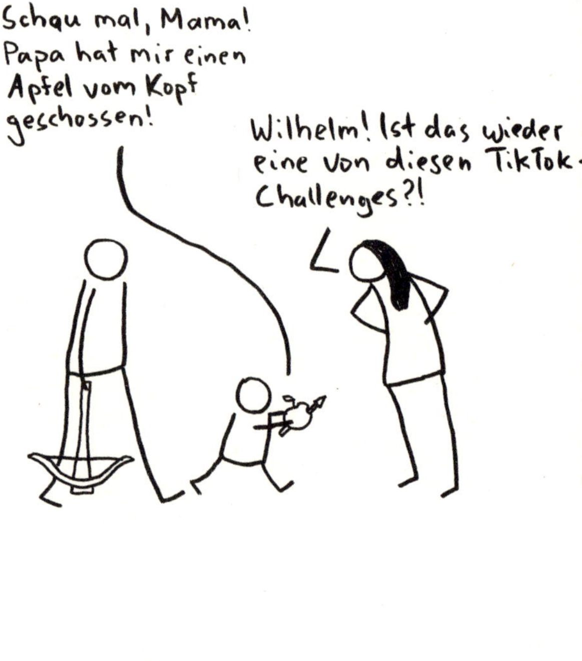
Schau mal, Mama! Papa hat mir einen Apfel vom Kopf geschossen!
Wilhelm! Ist das wieder eine von diesen TikTok-Challenges?!

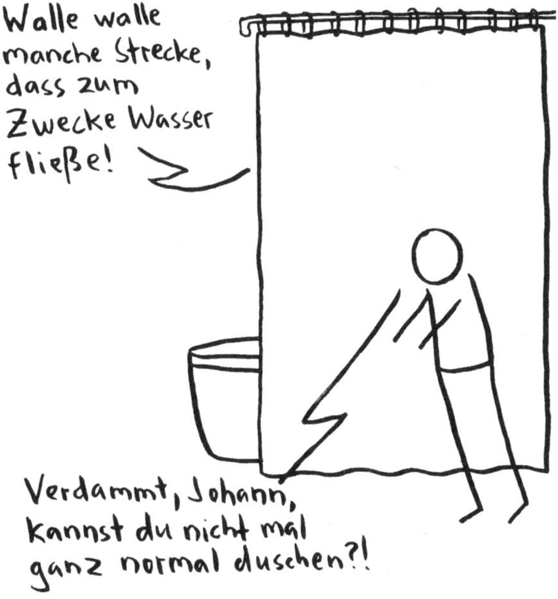
Walle walle manche Strecke, dass zum Zwecke Wasser fließe!
Verdammt, Johann, kannst du nicht mal ganz normal duschen?!

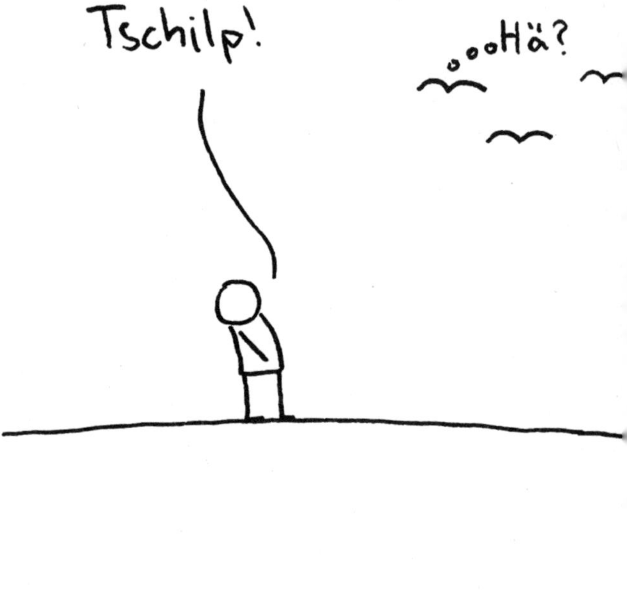
Tschilp!
oooHä?

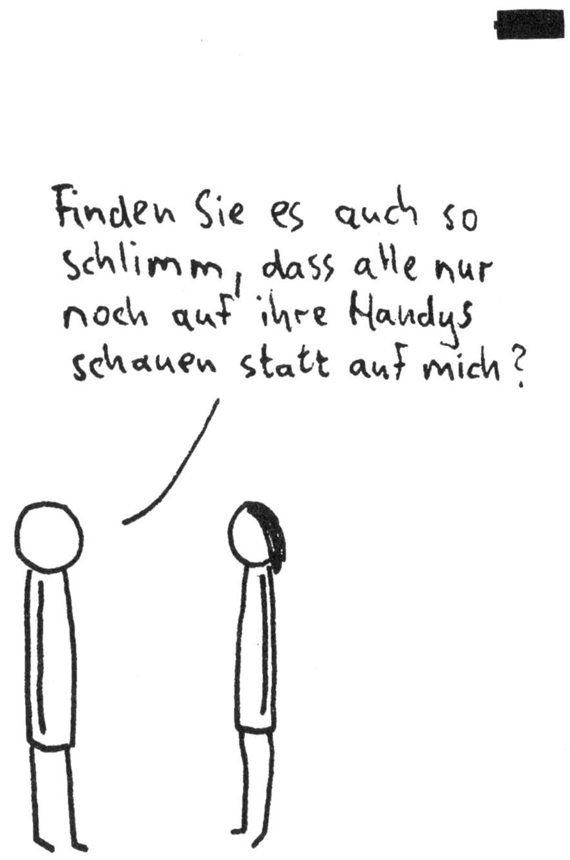
Finden Sie es auch so schlimm, dass alle nur noch auf ihre Handys schauen statt auf mich?

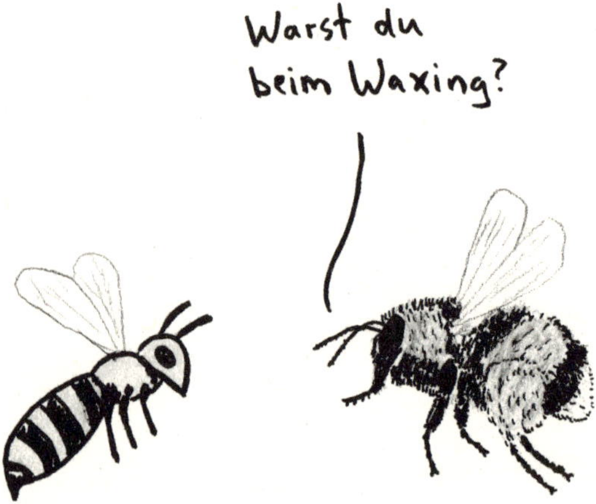
Warst du
beim Waxing?

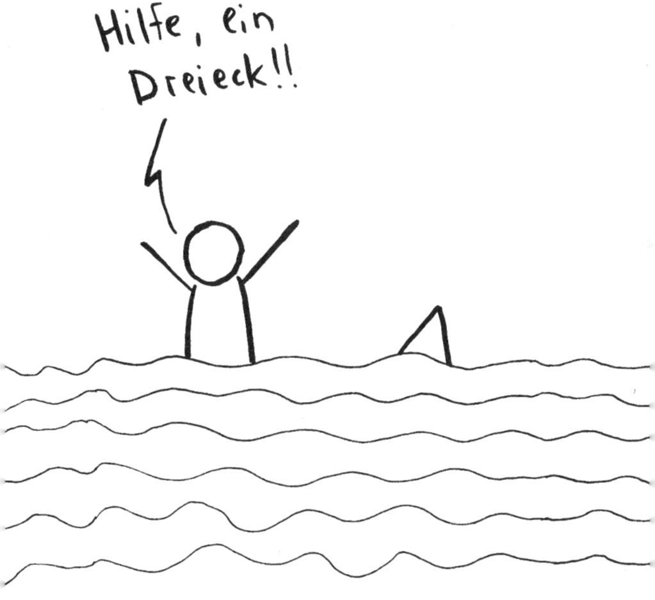
Hilfe, ein Dreieck!!

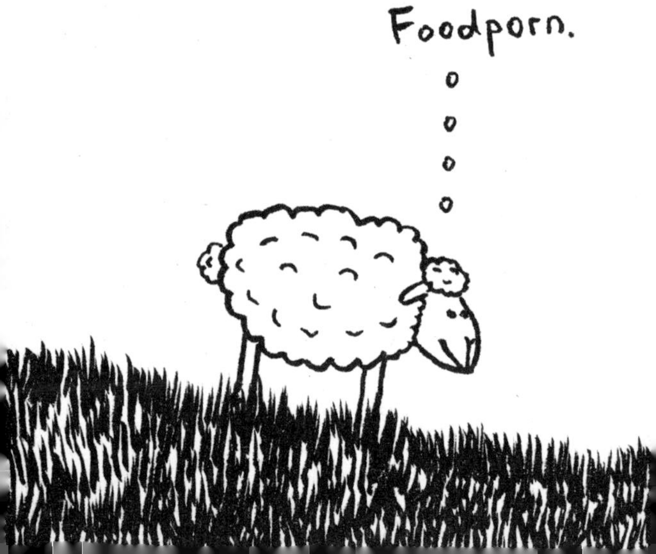
Foodporn.

90 %

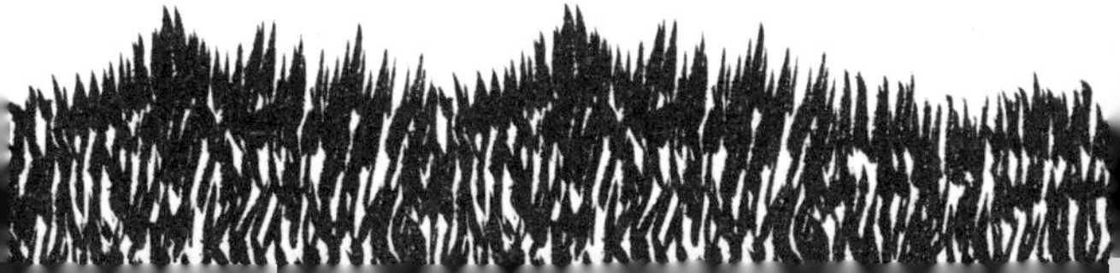

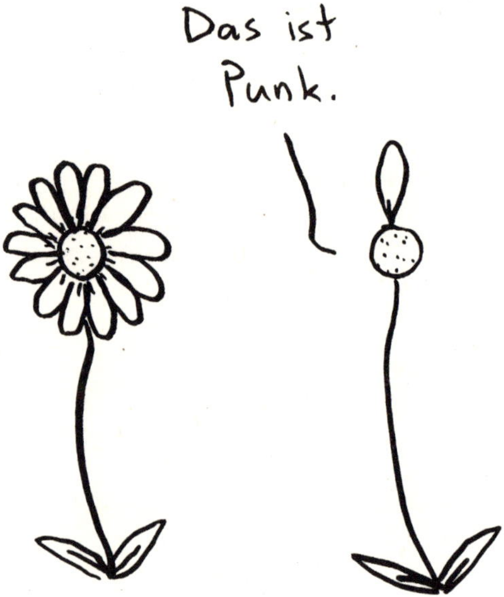
Das ist
Punk.

Ich höre auf, so chaotisch zu sein

in 10...

9...

8...

5...

7...

3...

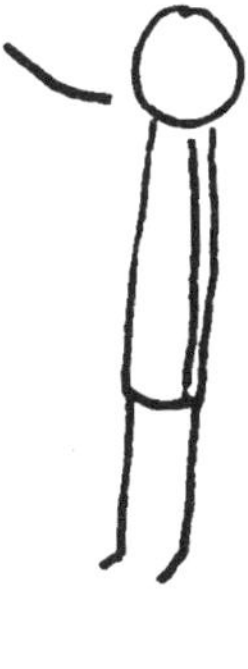

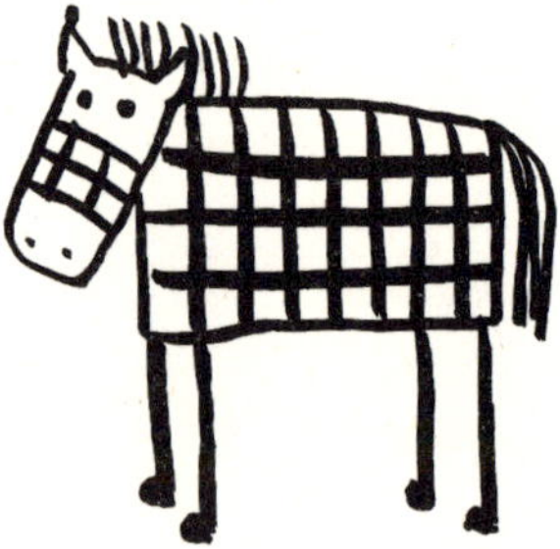

Zebra, aus dem
Gedächtnis gezeichnet.

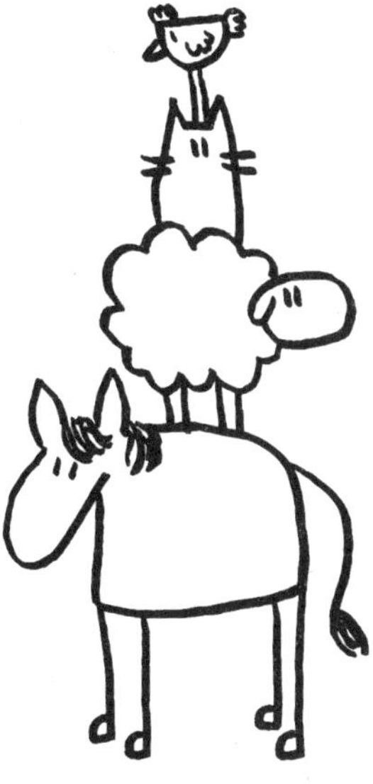

Bremer Stadtmusikanten,
aus dem Gedächtnis gezeichnet.

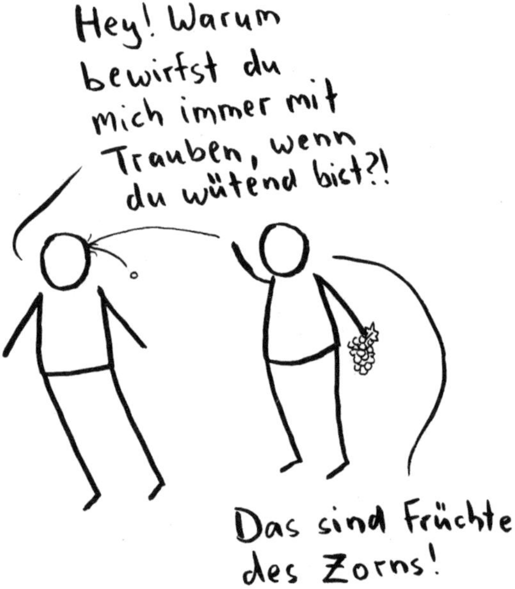
Hey! Warum bewirfst du mich immer mit Trauben, wenn du wütend bist?!
Das sind Früchte des Zorns!

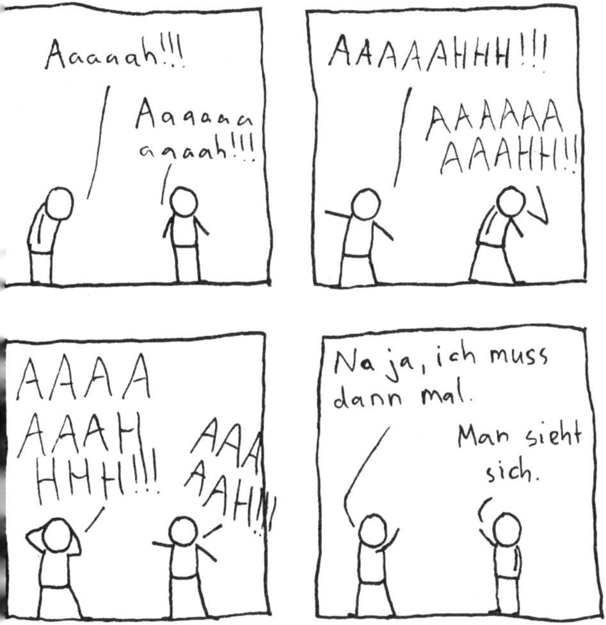
Aaaaah!!!
Aaaaaa aaaah!!!
AAAAAHHH!!!
AAAAAA AAAHH!!
AAAA AAAH HHH!!!
AAA AAH!!
Na ja, ich muss dann mal.
Man sieht sich.

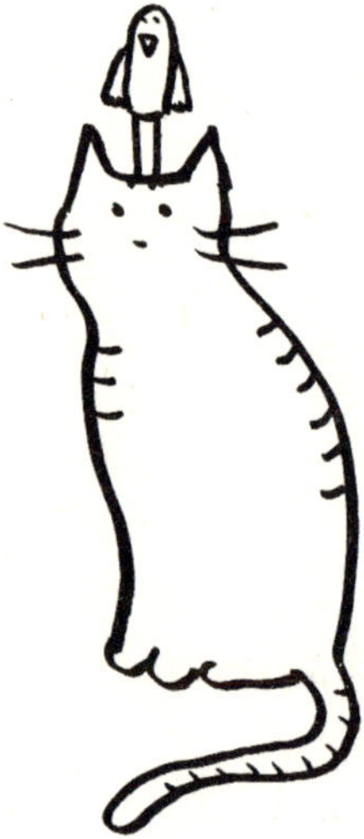

Live with it.

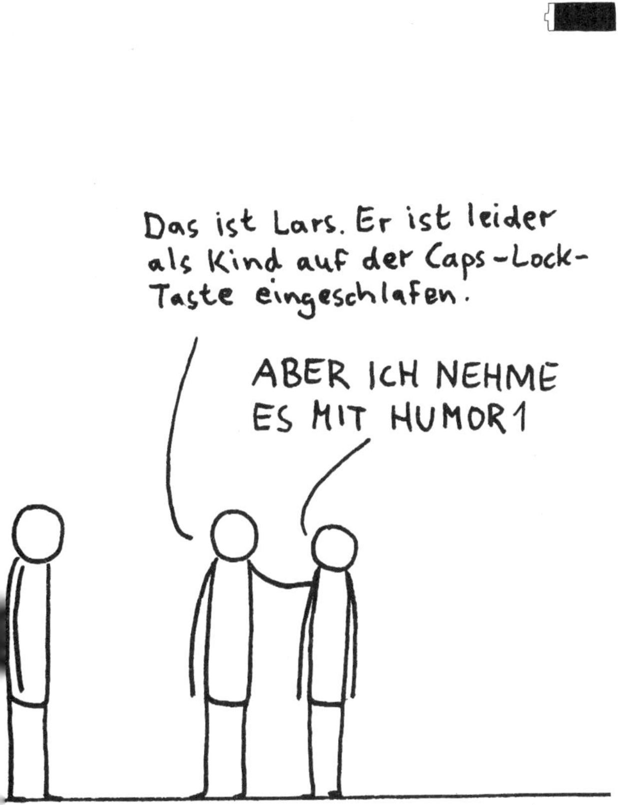
Das ist Lars. Er ist leider als Kind auf der Caps-Lock-Taste eingeschlafen.
ABER ICH NEHME ES MIT HUMOR1

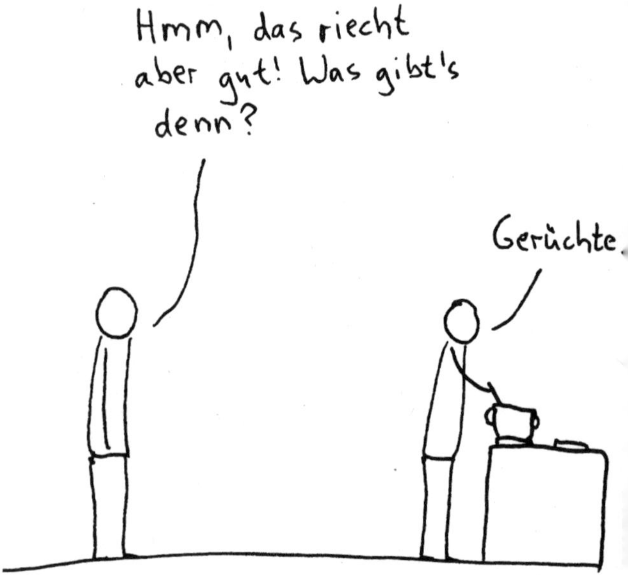
Hmm, das riecht aber gut! Was gibt's denn?
Gerüchte.

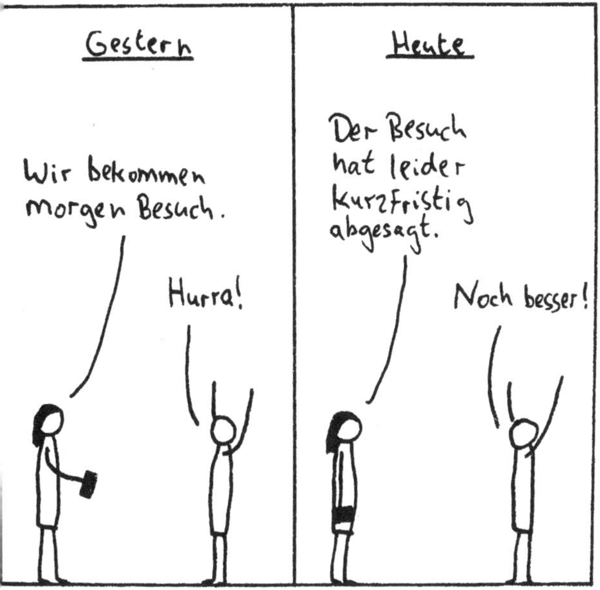
Gestern
Wir bekommen morgen Besuch.
Hurra!
Heute
Der Besuch hat leider kurzfristig abgesagt.
Noch besser!

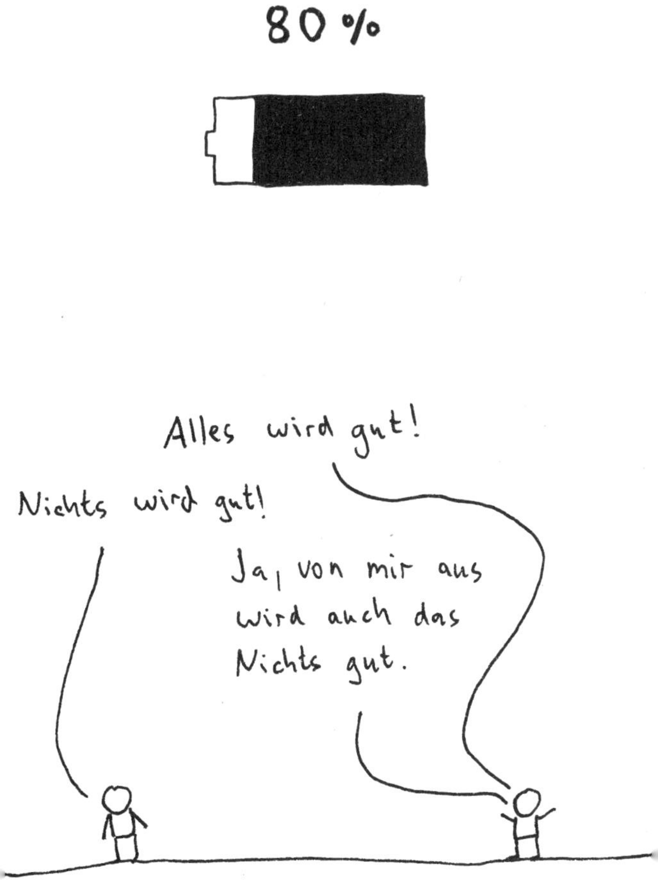
80 %
Alles wird gut!
Nichts wird gut!
Ja, von mir aus wird auch das Nichts gut.

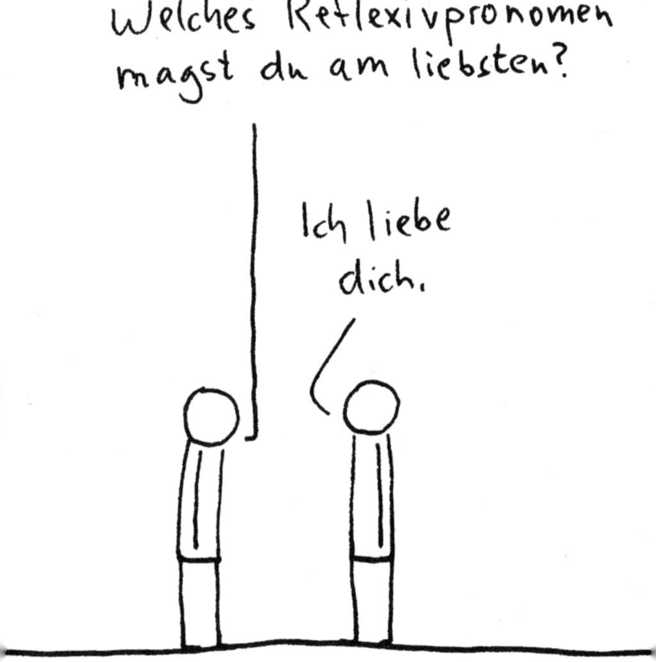
Welches Reflexivpronomen magst du am liebsten?
Ich liebe dich.

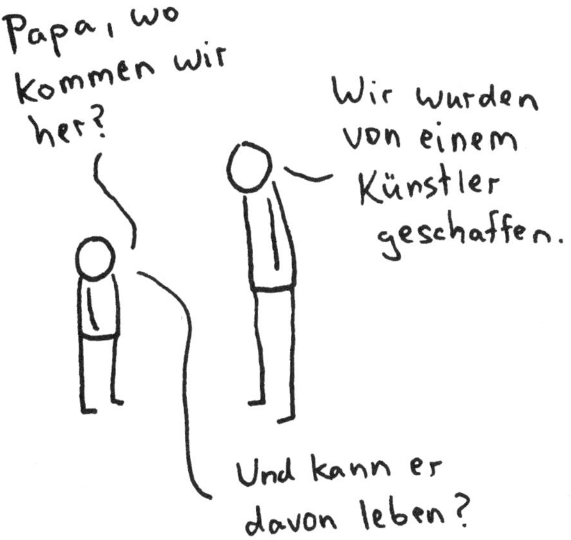
Papa, wo kommen wir her?
Wir wurden von einem Künstler geschaffen.
Und kann er davon leben?

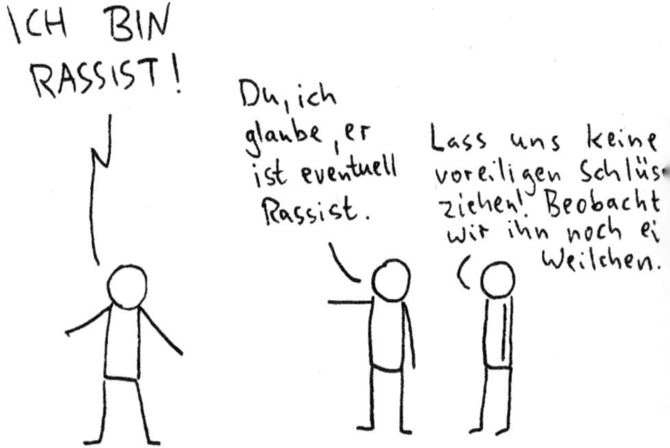
ICH BIN RASSIST!
Du, ich glaube, er ist eventuell Rassist.
Lass uns keine voreiligen Schlüs ziehen! Beobacht wir ihn noch ei Weilchen.

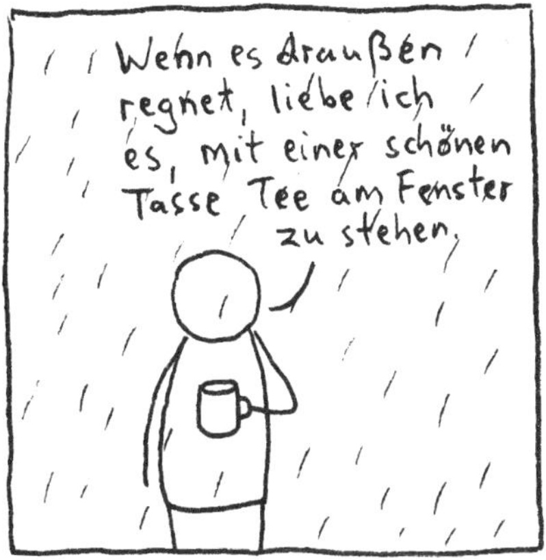
Wenn es draußen regnet, liebe ich es, mit einer schönen Tasse Tee am Fenster zu stehen.

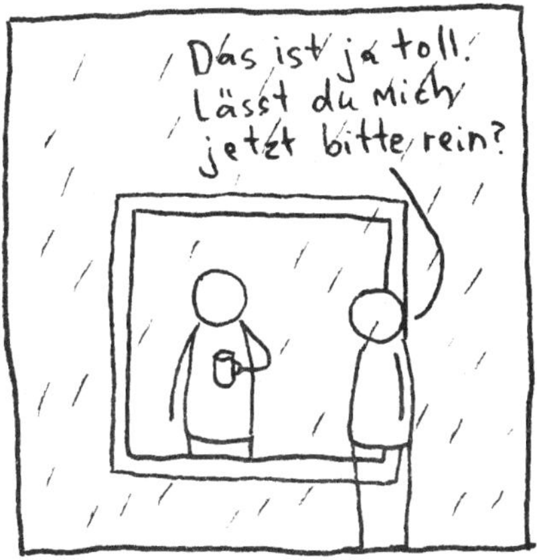
Das ist ja toll. Lässt du mich jetzt bitte rein?

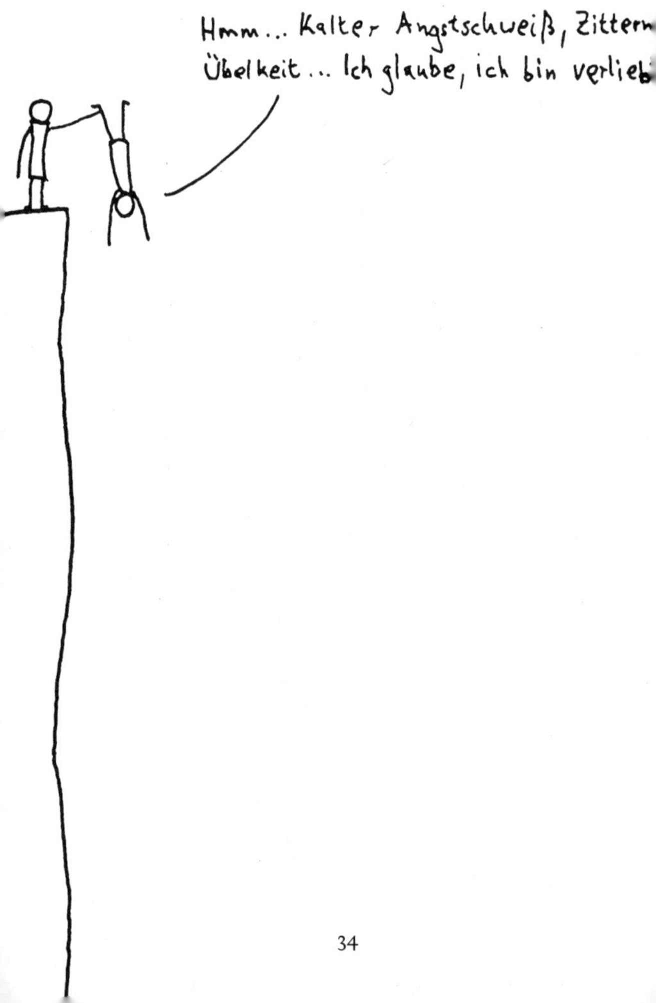
Hmm... Kalter Angstschweiß, Zittern
Übelkeit... Ich glaube, ich bin verlieb

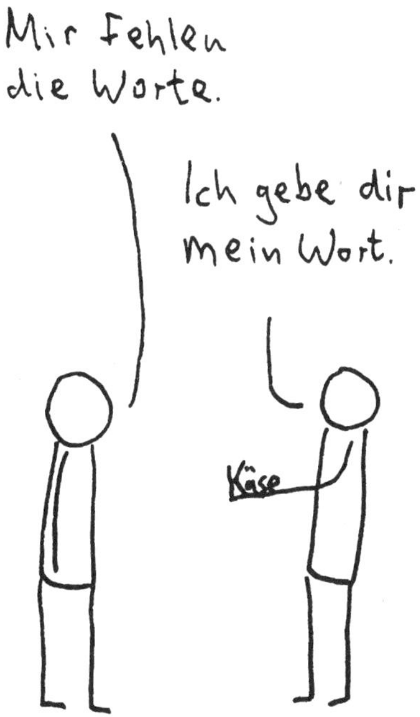
Mir fehlen die Worte.
Ich gebe dir mein Wort.
Käse

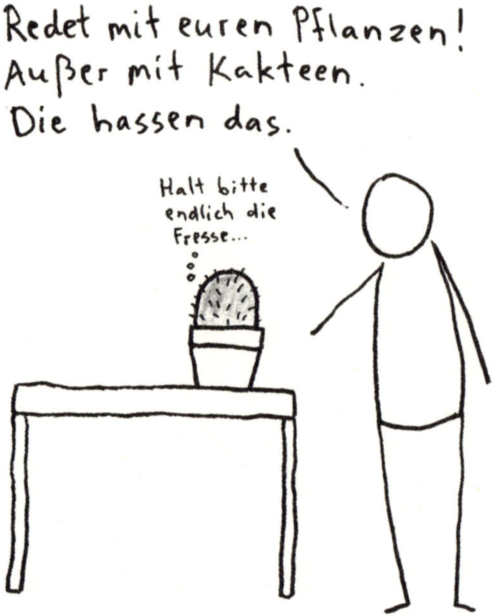
Redet mit euren Pflanzen!
Außer mit Kakteen.
Die hassen das.
Halt bitte endlich die Fresse...

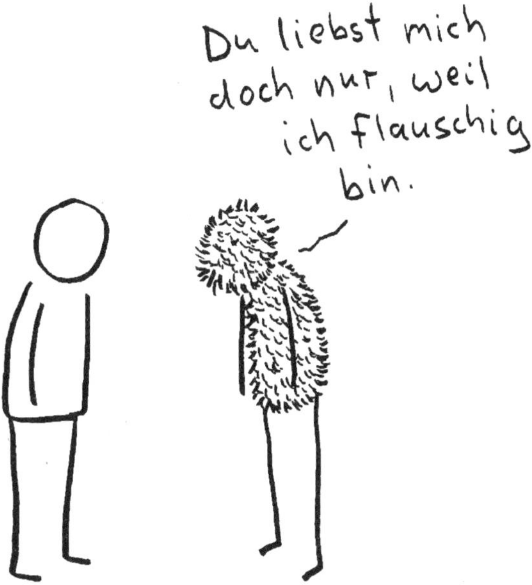
Du liebst mich doch nur, weil ich flauschig bin.

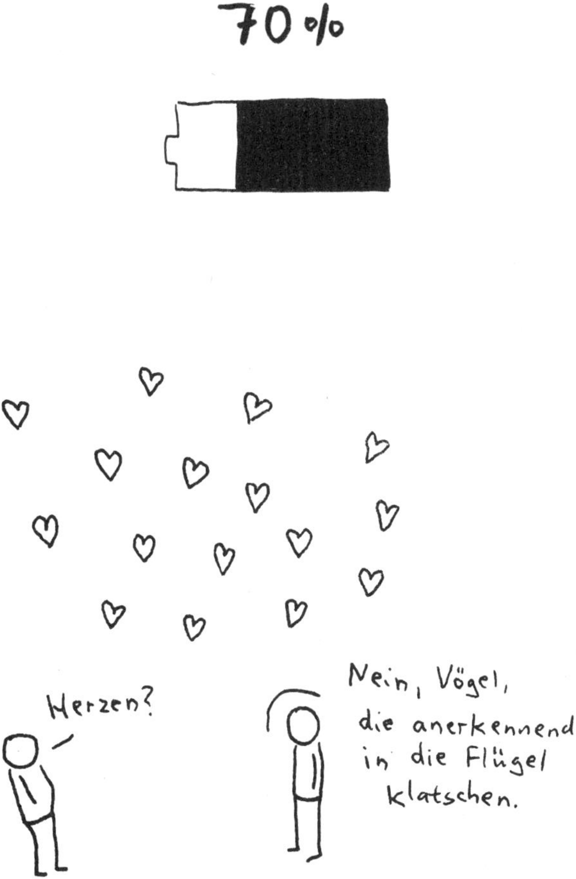
70 %
Herzen?
Nein, Vögel,
die anerkennend
in die Flügel
klatschen.

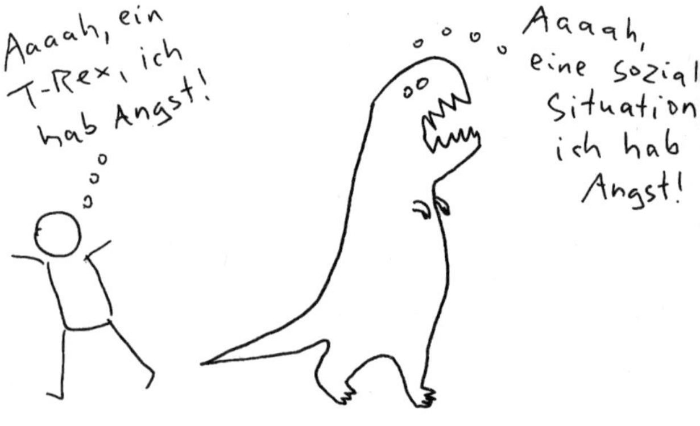
Aaaah, ein T-Rex, ich hab Angst!
Aaaah, eine sozial Situation ich hab Angst!

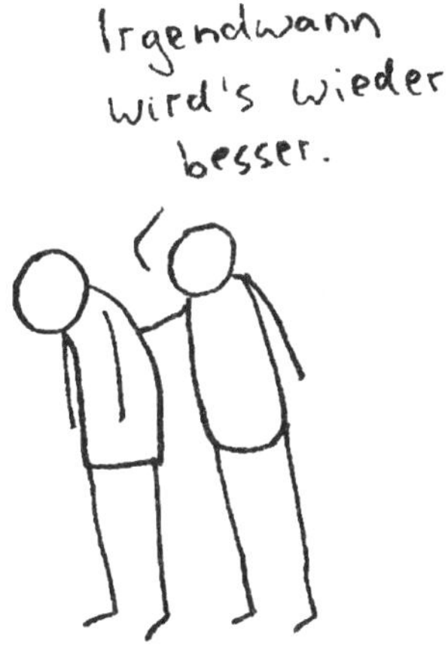

Better-Vorhersage

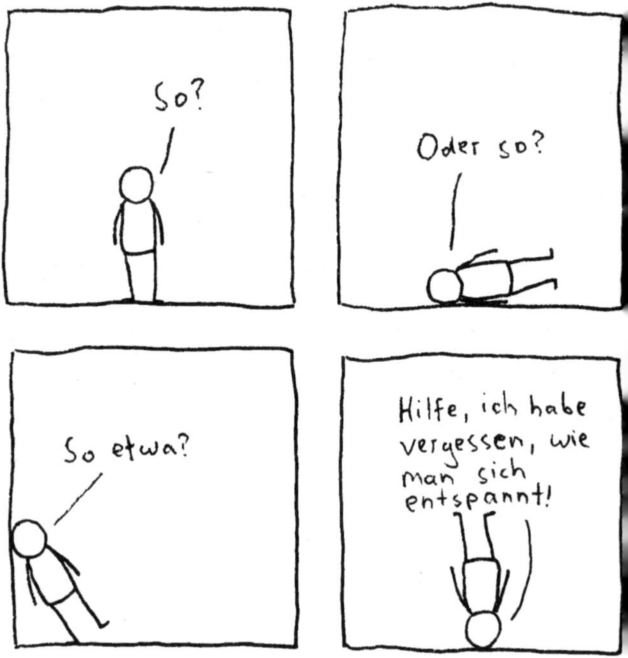
So?
Oder so?
So etwa?
Hilfe, ich habe vergessen, wie man sich entspannt!

Entzückend: der Vorgang, im richtigen Moment eine Ente zu zücken

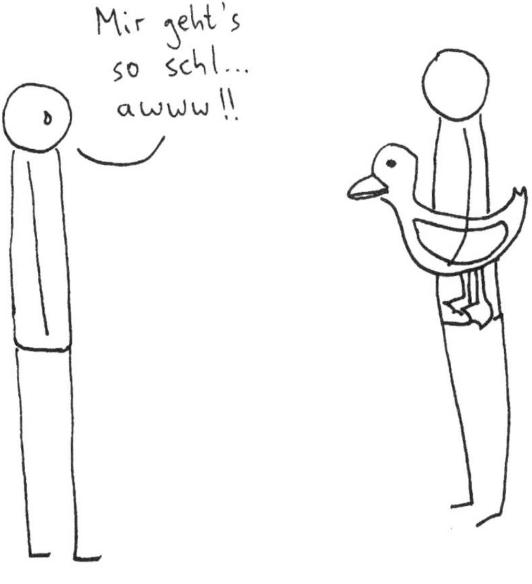

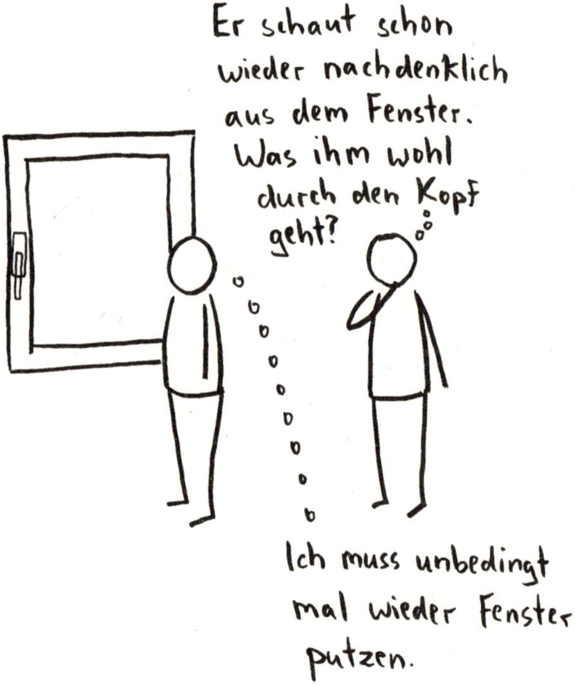
Er schaut schon wieder nachdenklich aus dem Fenster. Was ihm wohl durch den Kopf geht?
Ich muss unbedingt mal wieder Fenster putzen.

Wenn ein Cartoonist „Robinson Crusoe" erfunden hätte:

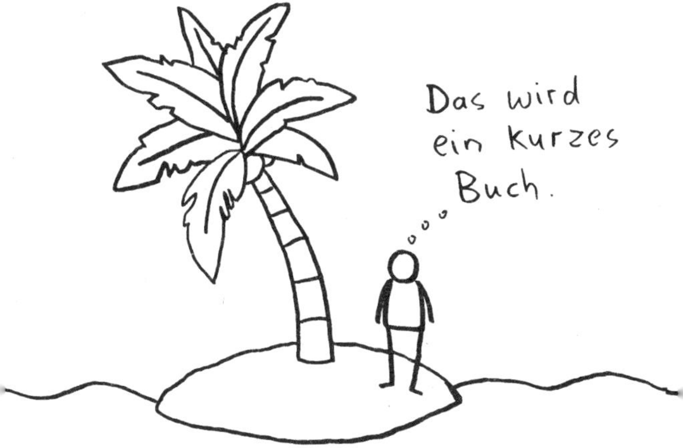

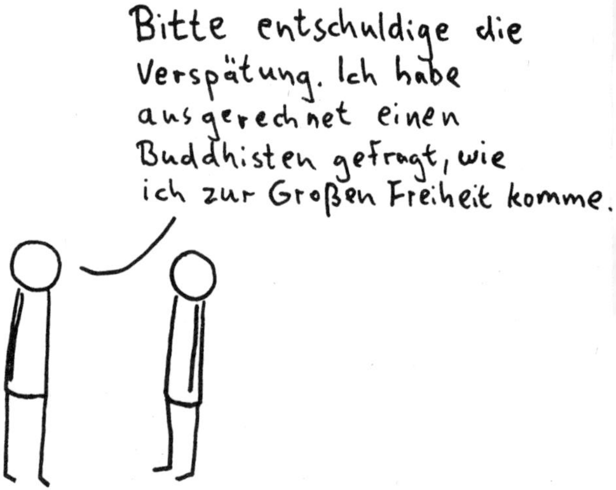
Bitte entschuldige die Verspätung. Ich habe ausgerechnet einen Buddhisten gefragt, wie ich zur Großen Freiheit komme.

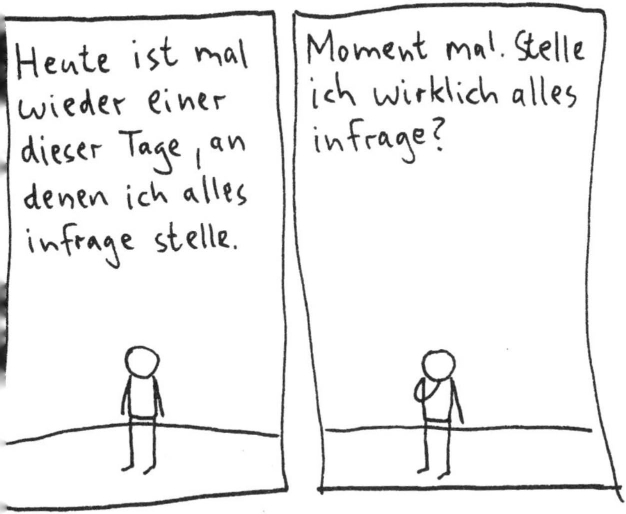
Heute ist mal wieder einer dieser Tage, an denen ich alles infrage stelle.
Moment mal. Stelle ich wirklich alles infrage?

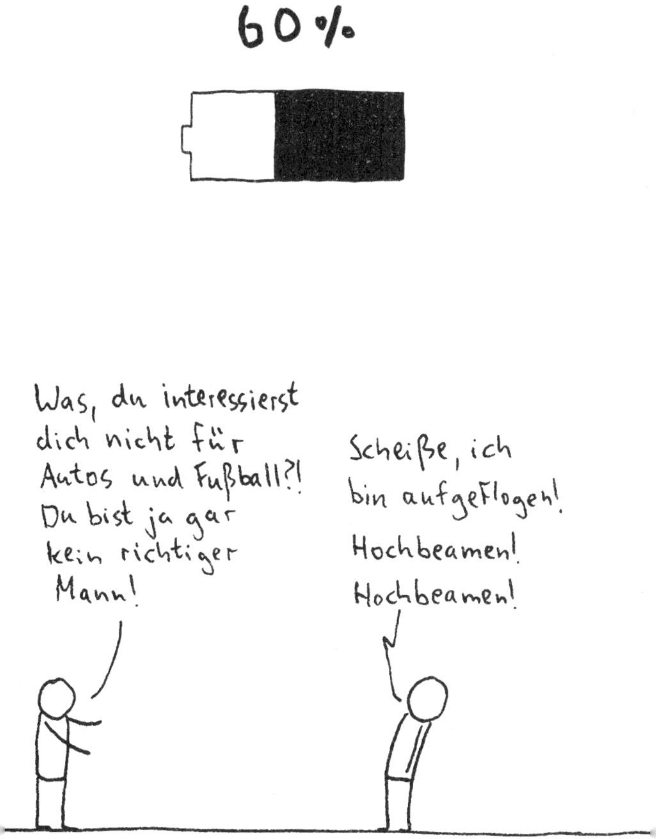
60 %
Was, du interessierst dich nicht für Autos und Fußball?! Du bist ja gar kein richtiger Mann!
Scheiße, ich bin aufgeflogen! Hochbeamen! Hochbeamen!

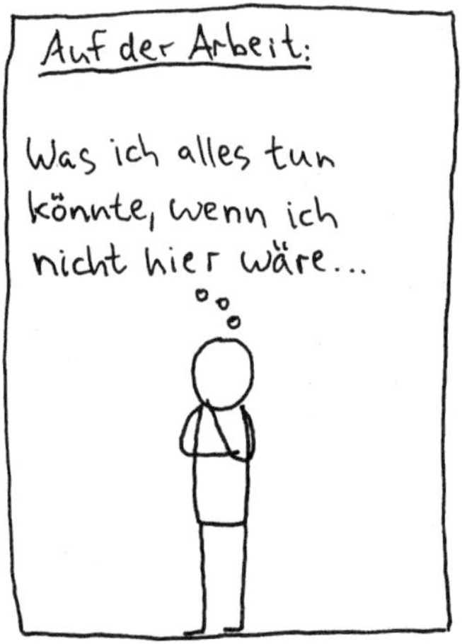
Auf der Arbeit:
Was ich alles tun könnte, wenn ich nicht hier wäre...

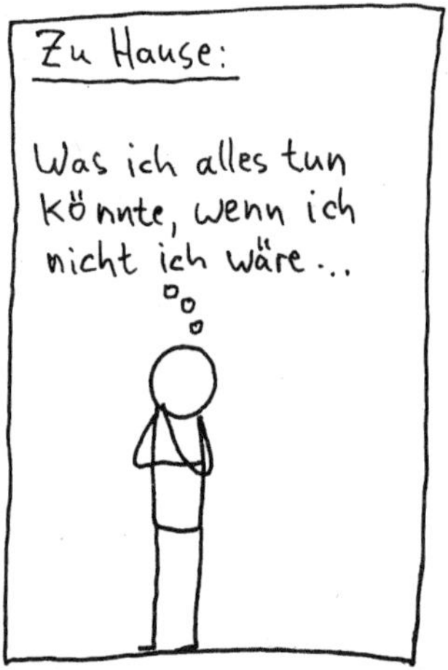
Zu Hause:
Was ich alles tun könnte, wenn ich nicht ich wäre...

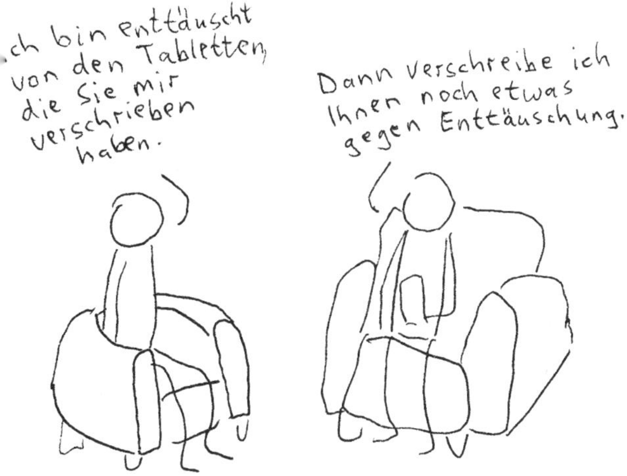
ch bin enttäuscht von den Tabletten, die Sie mir verschrieben haben.
Dann verschreibe ich Ihnen noch etwas gegen Enttäuschung.

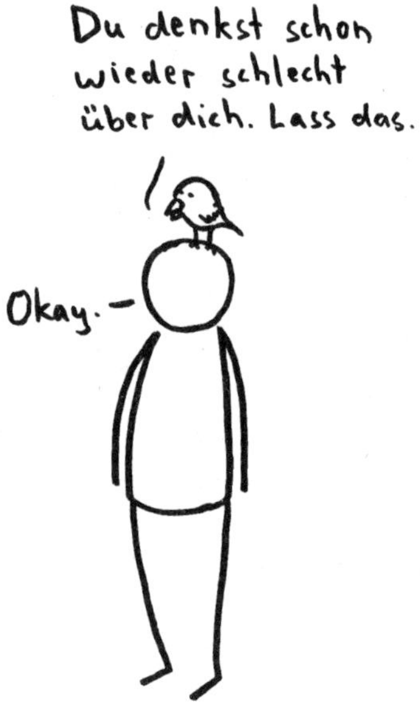

Was fehlt: ein Putzervogel fürs Gehirn.

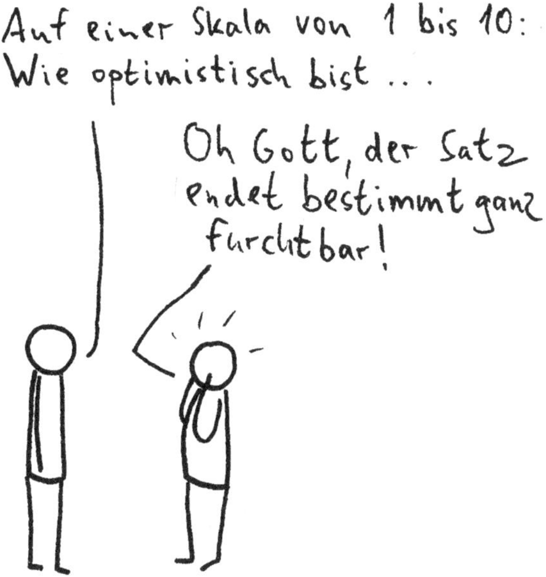
Auf einer Skala von 1 bis 10:
Wie optimistisch bist ...
Oh Gott, der Satz endet bestimmt ganz furchtbar!

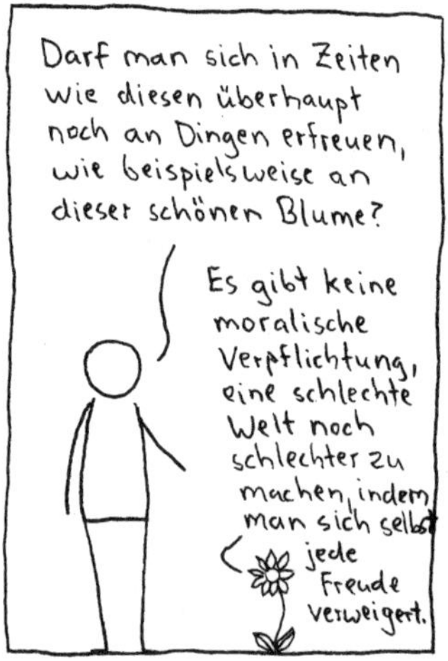
Darf man sich in Zeiten wie diesen überhaupt noch an Dingen erfreuen, wie beispielsweise an dieser schönen Blume?
Es gibt keine moralische Verpflichtung, eine schlechte Welt noch schlechter zu machen, indem man sich selbst jede Freude verweigert.

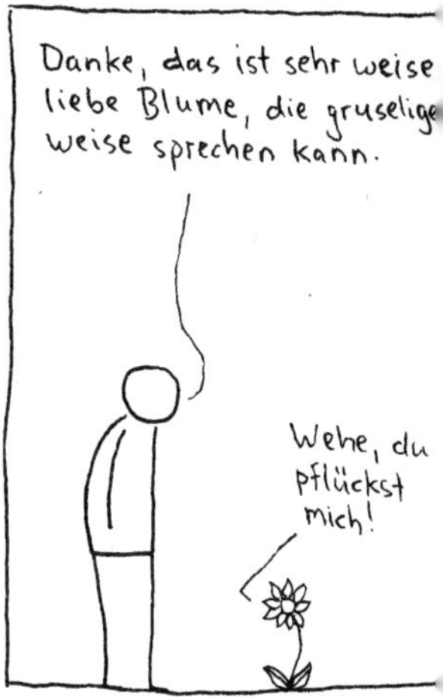
Danke, das ist sehr weise liebe Blume, die gruselige weise sprechen kann.
Wehe, du pflückst mich!

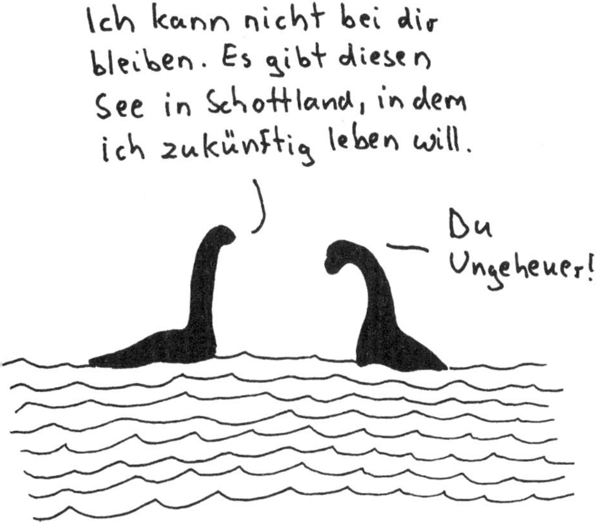
Ich kann nicht bei dir bleiben. Es gibt diesen See in Schottland, in dem ich zukünftig leben will.
Du Ungeheuer!

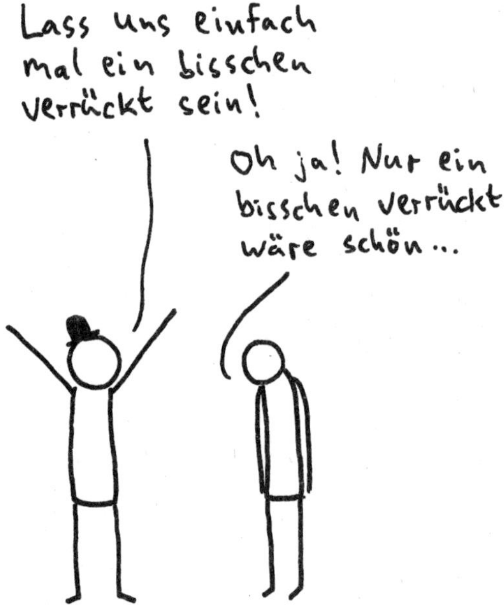
Lass uns einfach mal ein bisschen verrückt sein!
Oh ja! Nur ein bisschen verrückt wäre schön...

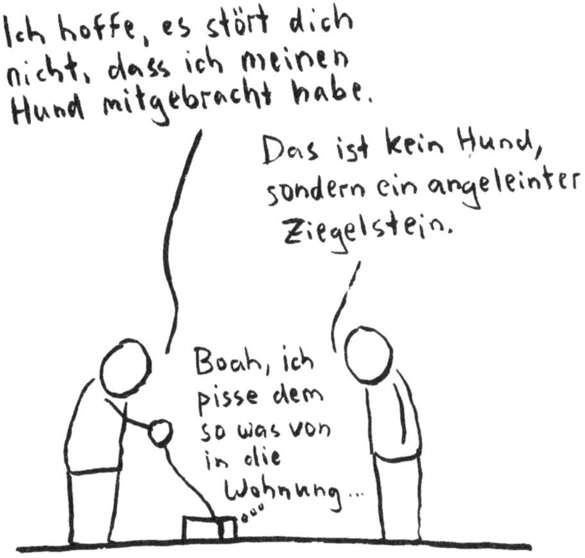
Ich hoffe, es stört dich nicht, dass ich meinen Hund mitgebracht habe.
Das ist kein Hund, sondern ein angeleinter Ziegelstein.
Boah, ich pisse dem so was von in die Wohnung …

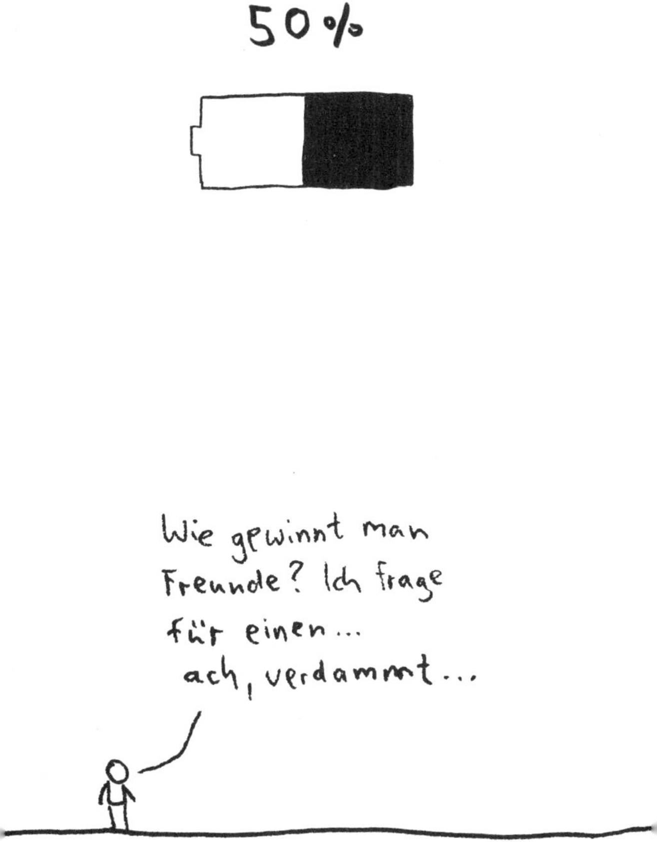
50 %
Wie gewinnt man Freunde? Ich frage für einen … ach, verdammt …

Zu Weihnachten
schenke ich der
Erkenntnis eine
Uhr, damit sie
nicht immer zu
spät kommt.

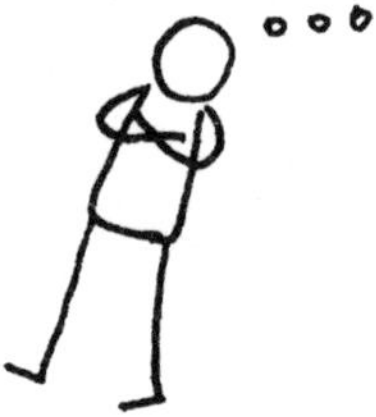

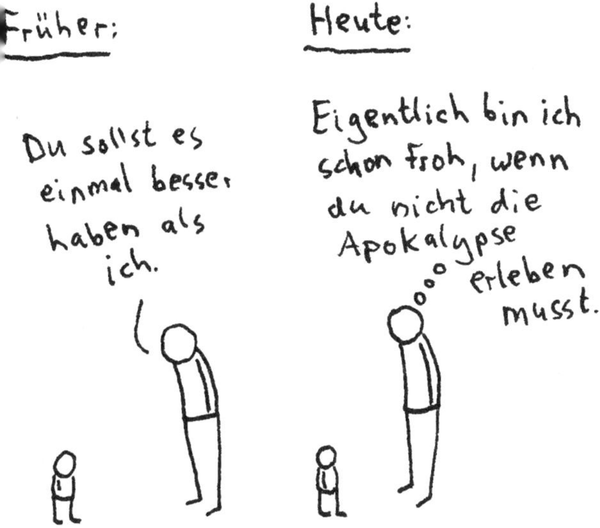
Früher:
Du sollst es einmal besser haben als ich.
Heute:
Eigentlich bin ich schon froh, wenn du nicht die Apokalypse erleben musst.

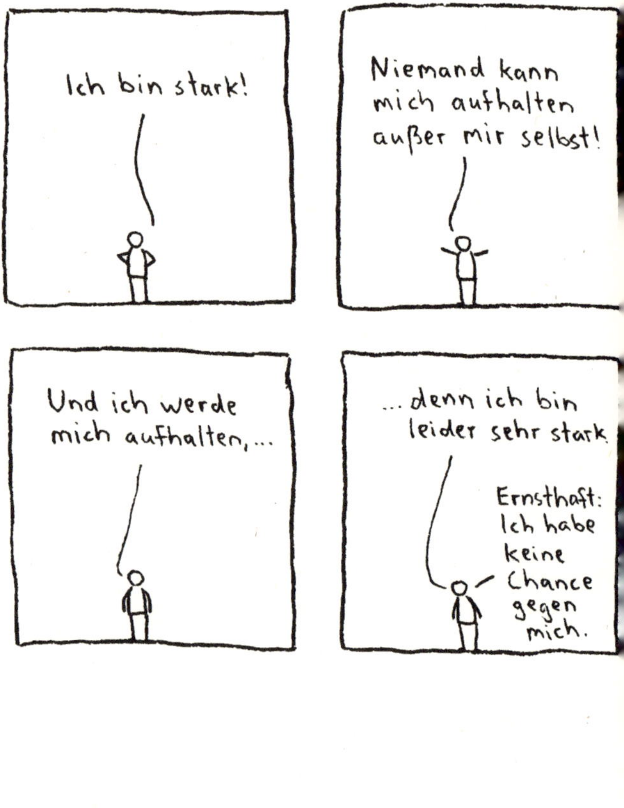
Ich bin stark!
Niemand kann mich aufhalten außer mir selbst!
Und ich werde mich aufhalten, …
… denn ich bin leider sehr stark.
Ernsthaft: Ich habe keine Chance gegen mich.

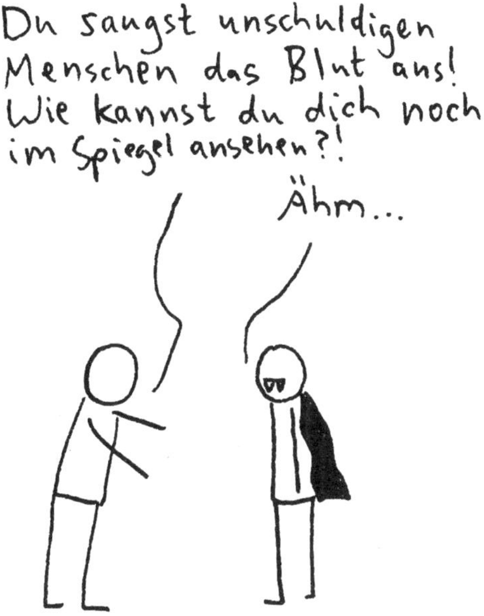
Du saugst unschuldigen Menschen das Blut aus! Wie kannst du dich noch im Spiegel ansehen?!
Ähm...

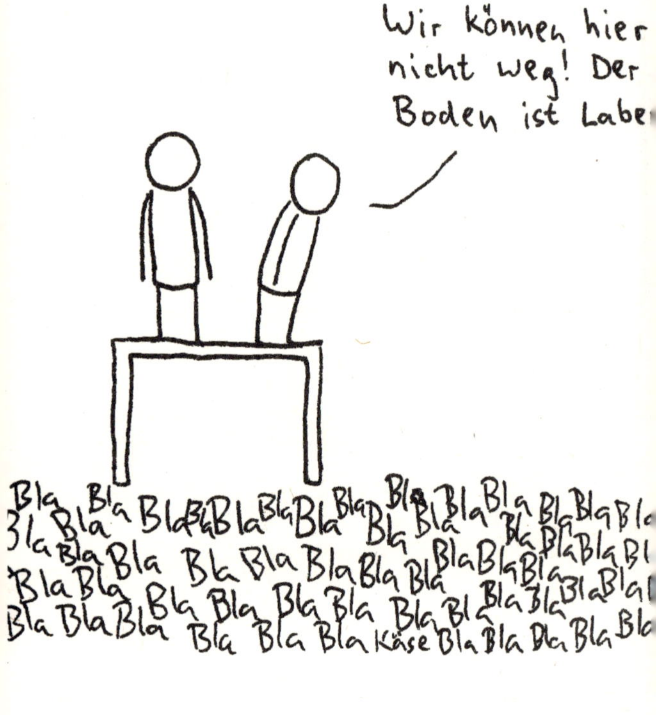
Wir können hier nicht weg! Der Boden ist Labe

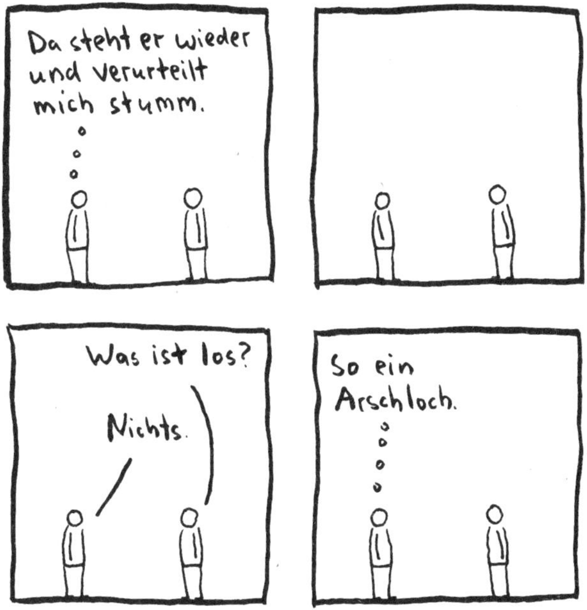
Da steht er wieder und verurteilt mich stumm.
Was ist los?
Nichts.
So ein Arschloch.

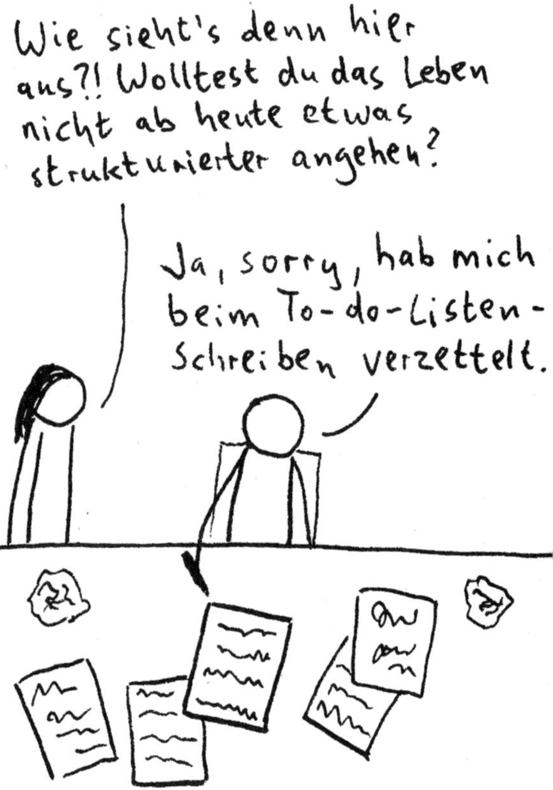
Wie sieht's denn hier aus?! Wolltest du das Leben nicht ab heute etwas strukturierter angehen?
Ja, sorry, hab mich beim To-do-Listen-Schreiben verzettelt.

Du stehst den ganzen Tag am Schniefkasten und wartest auf den Trostboten.

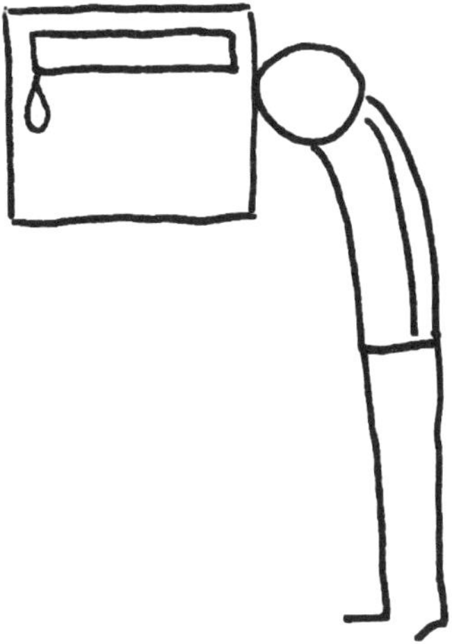

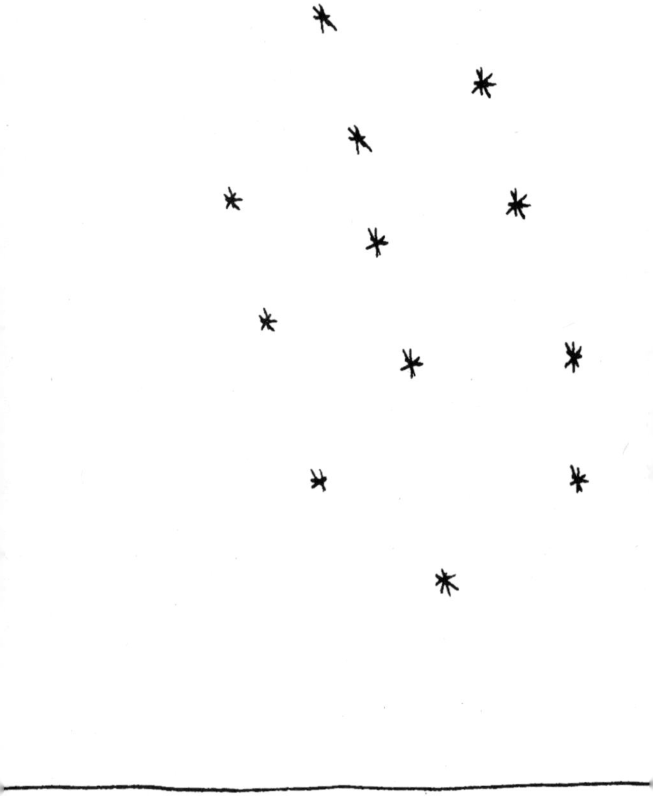

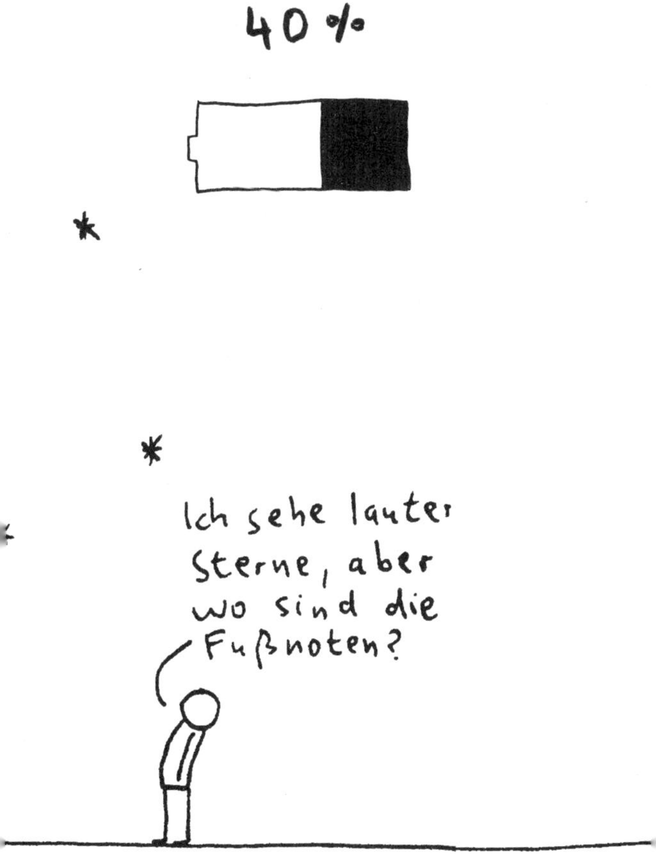
40 %
Ich sehe lauter Sterne, aber wo sind die Fußnoten?

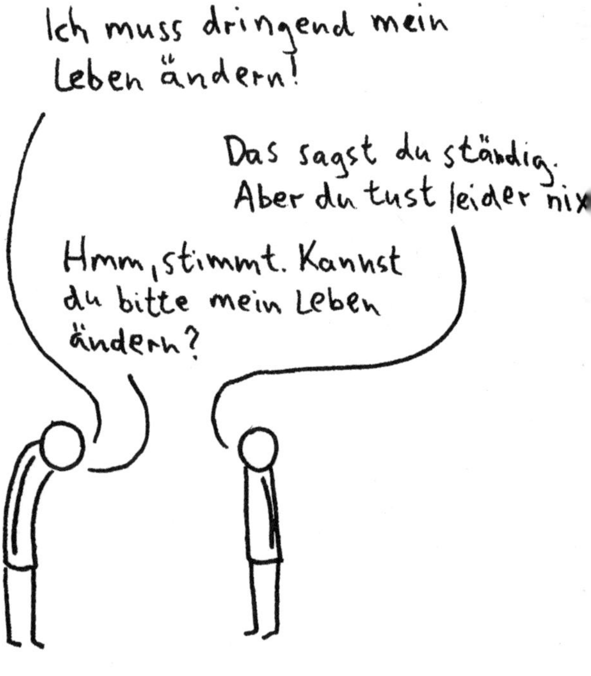
Ich muss dringend mein Leben ändern!
Das sagst du ständig. Aber du tust leider nix
Hmm, stimmt. Kannst du bitte mein Leben ändern?

ählen lernen mit Raúl, dem traurigen Saurier

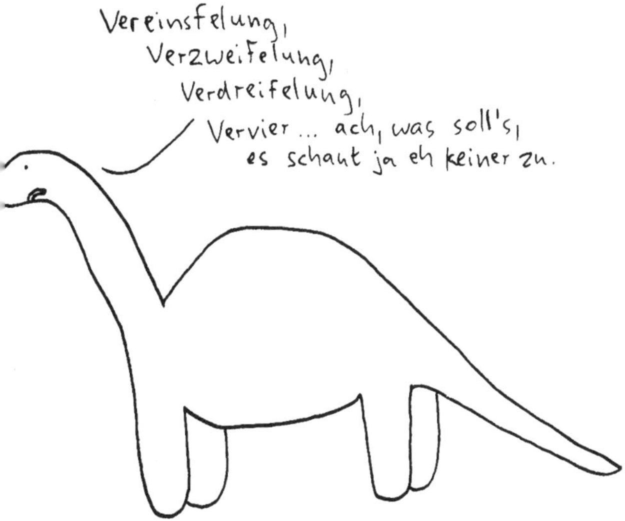

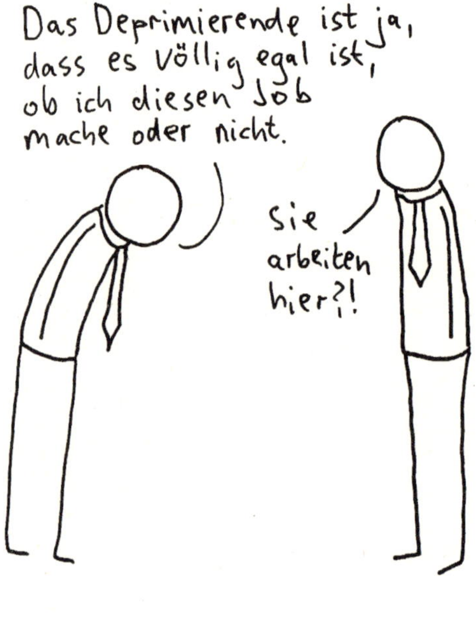
Das Deprimierende ist ja, dass es völlig egal ist, ob ich diesen Job mache oder nicht.
Sie arbeiten hier?!

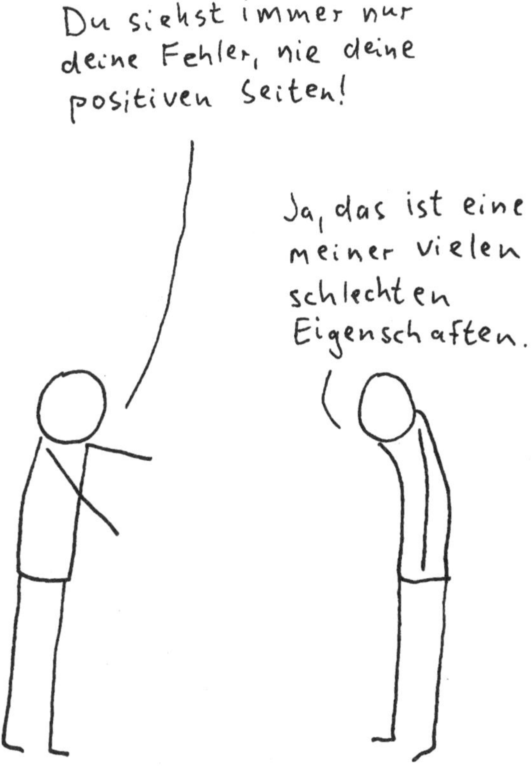
Du siehst immer nur deine Fehler, nie deine positiven Seiten!
Ja, das ist eine meiner vielen schlechten Eigenschaften.

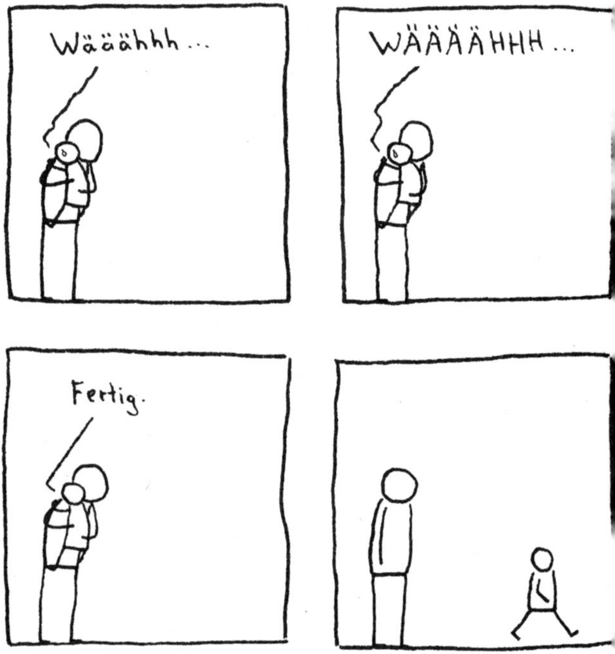
Wääähhh ...
WÄÄÄÄHHH ...
Fertig.

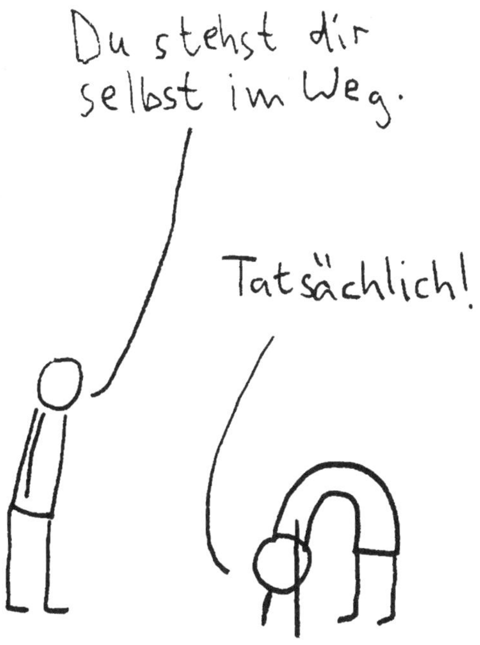
Du stehst dir selbst im Weg.
Tatsächlich!

So, jetzt zünde ich
das Wohnzimmer an,
um mich vom Feuer
in der Küche abzulenken.

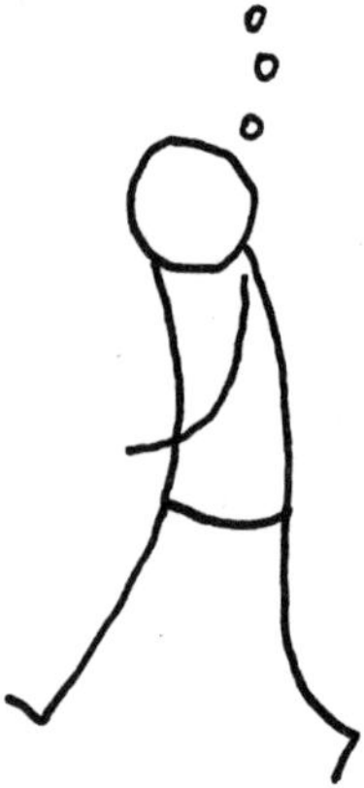

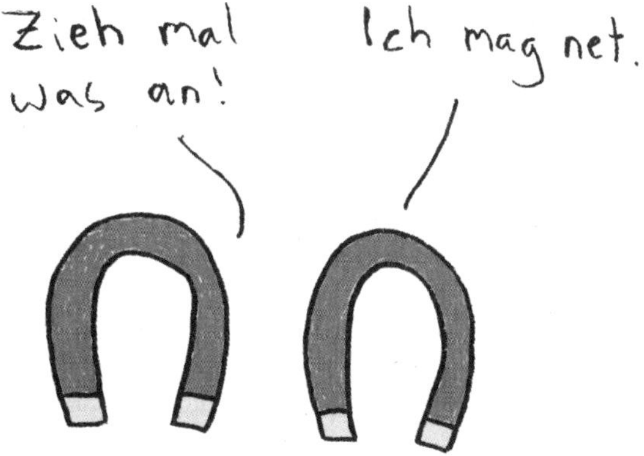
Zieh mal was an!
Ich magnet.

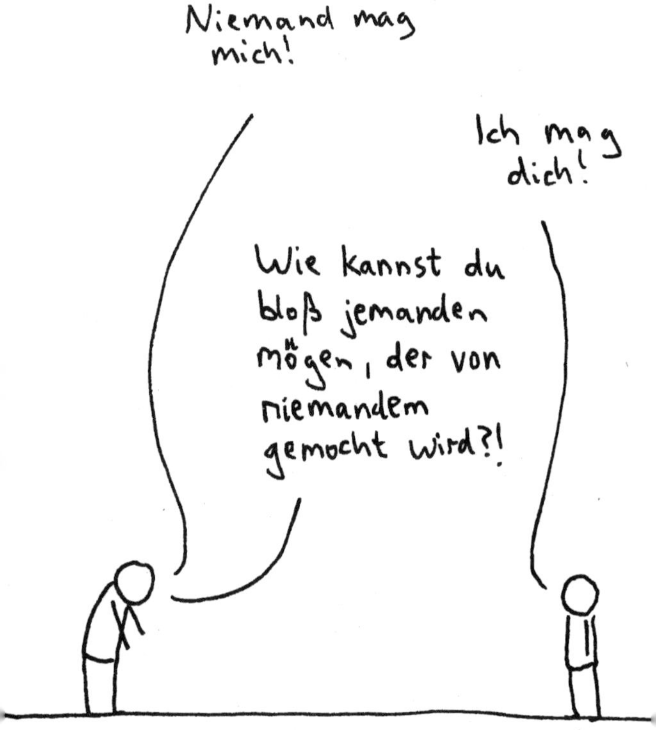
Niemand mag mich!
Ich mag dich!
Wie kannst du bloß jemanden mögen, der von niemandem gemocht wird?!

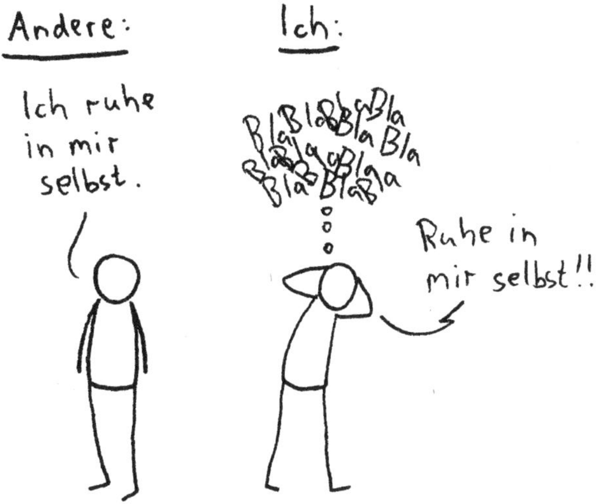
Andere:
Ich:
Ich ruhe in mir selbst.
Bla Bla Bla Bla Bla Bla Bla Bla Bla Bla Bla Bla Bla Bla
Ruhe in mir selbst!!

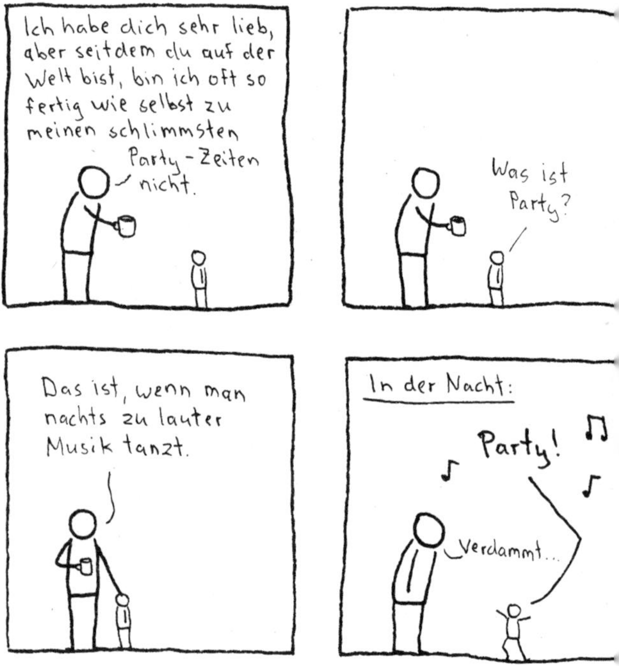
Ich habe dich sehr lieb, aber seitdem du auf der Welt bist, bin ich oft so fertig wie selbst zu meinen schlimmsten Party-Zeiten nicht.
Was ist Party?
Das ist, wenn man nachts zu lauter Musik tanzt.
In der Nacht:
Party!
Verdammt...

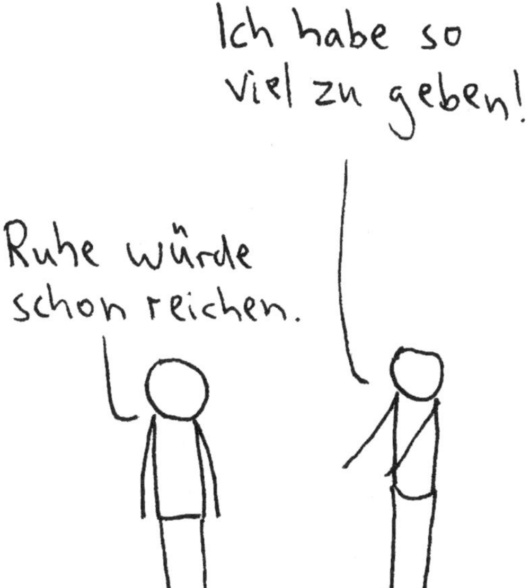
Ich habe so viel zu geben!
Ruhe würde schon reichen.

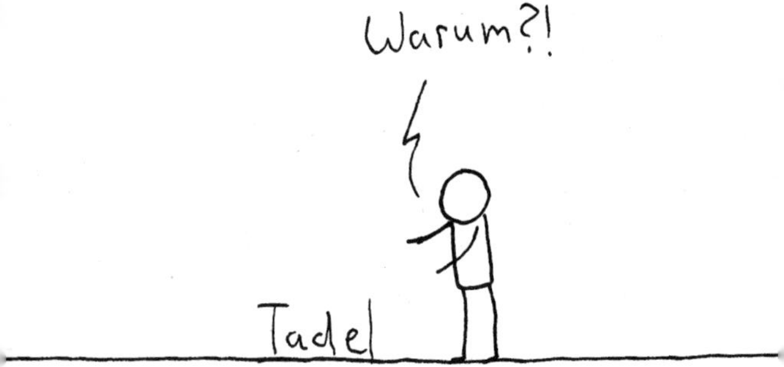
Warum?!
Tadel

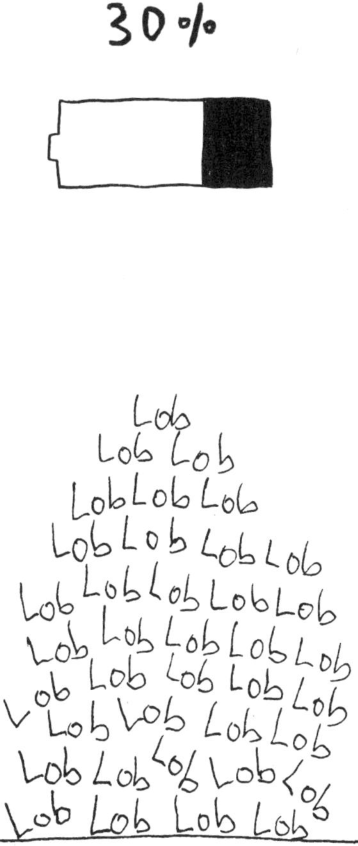
30 %
Lob
Lob Lob
Lob Lob Lob
Lob Lob Lob Lob
Lob Lob Lob Lob Lob
Lob Lob Lob Lob Lob
Lob Lob Lob Lob Lob
Lob Lob Lob Lob Lob
Lob Lob Lob Lob Lob
Lob Lob Lob Lob Lob

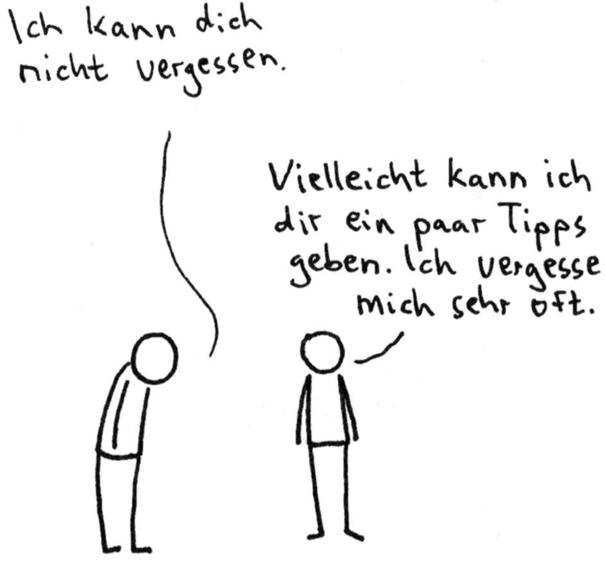
Ich kann dich nicht vergessen.
Vielleicht kann ich dir ein paar Tipps geben. Ich vergesse mich sehr oft.

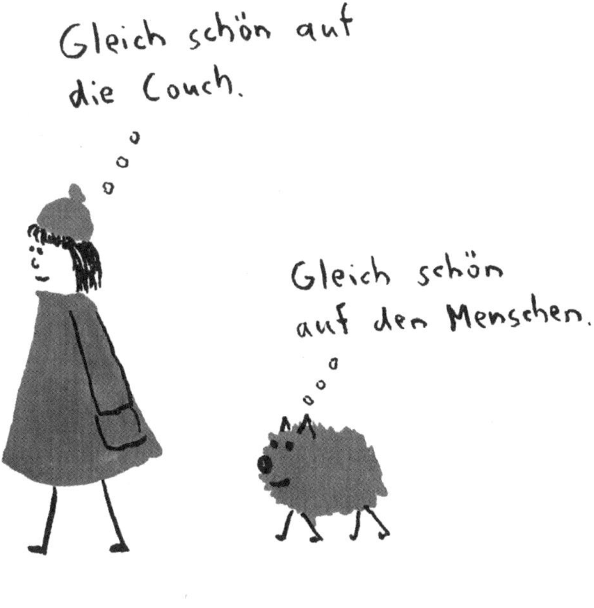
Gleich schön auf die Couch.
Gleich schön auf den Menschen.

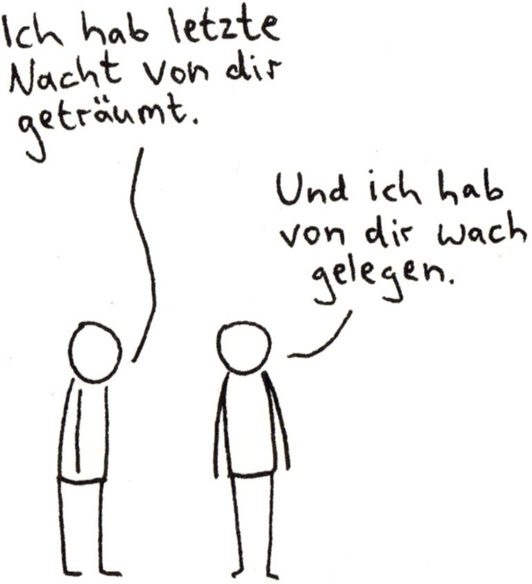
Ich hab letzte Nacht von dir geträumt.
Und ich hab von dir wach gelegen.

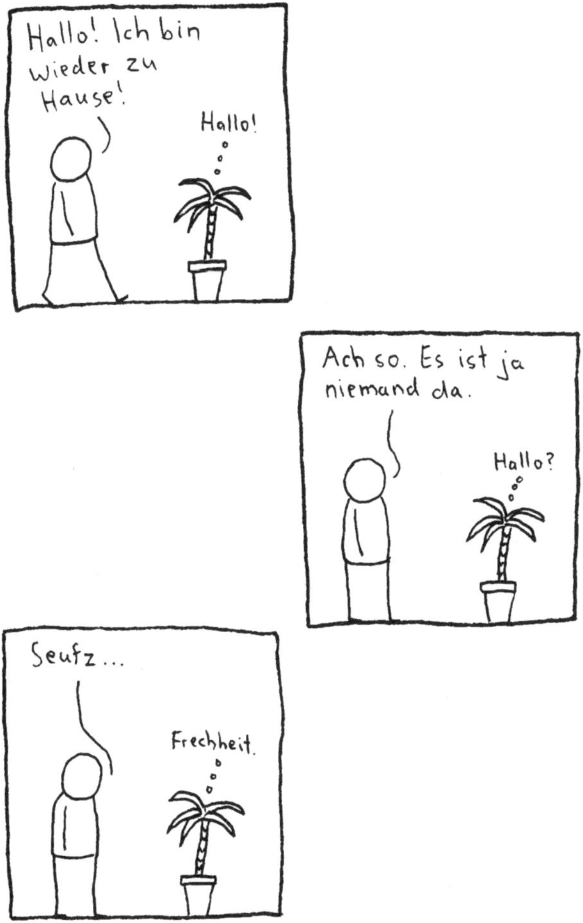
Hallo! Ich bin wieder zu Hause!
Hallo!
Ach so. Es ist ja niemand da.
Hallo?
Seufz ...
Frechheit.

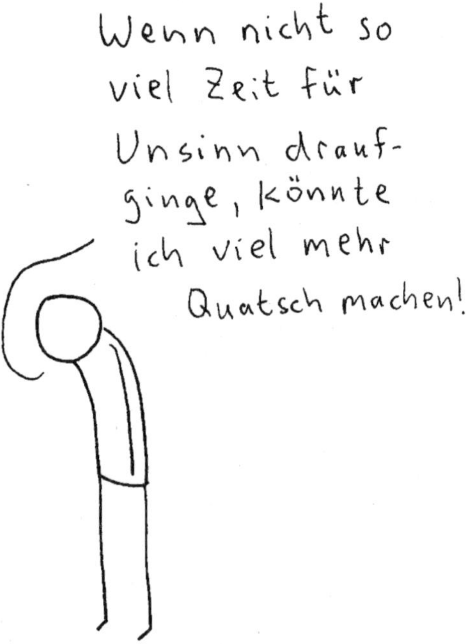
Wenn nicht so viel Zeit für Unsinn drauf-ginge, könnte ich viel mehr Quatsch machen!

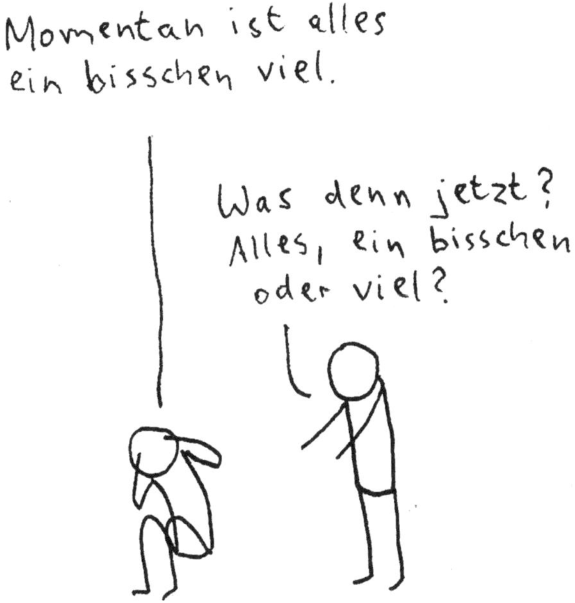
Momentan ist alles ein bisschen viel.
Was denn jetzt? Alles, ein bisschen oder viel?

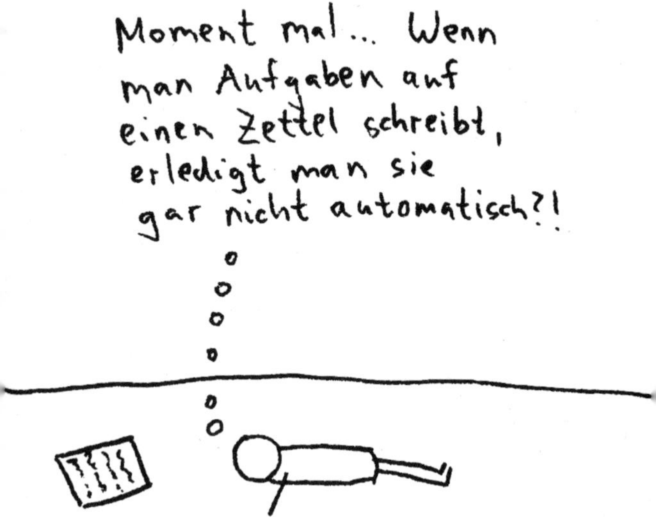
Moment mal … Wenn man Aufgaben auf einen Zettel schreibt, erledigt man sie gar nicht automatisch?!

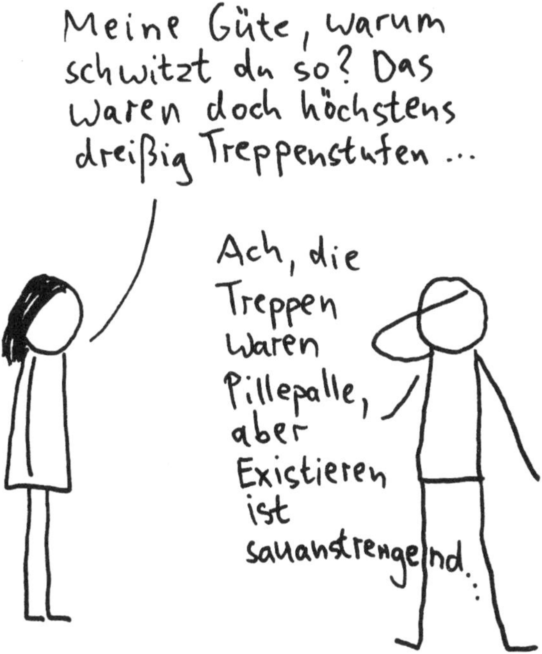
Meine Güte, warum schwitzt du so? Das waren doch höchstens dreißig Treppenstufen ...
Ach, die Treppen waren Pillepalle, aber Existieren ist sauanstrengend...

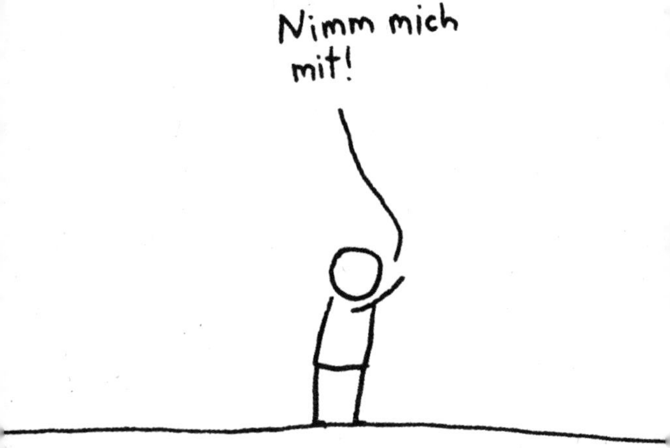
Nimm mich mit!

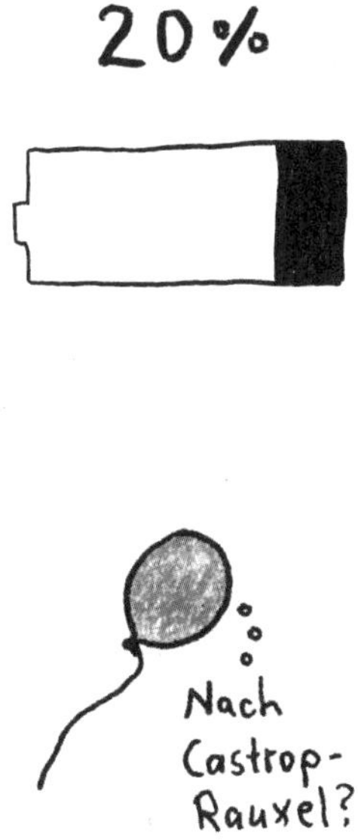
20%
Nach
Castrop-
Rauxel?

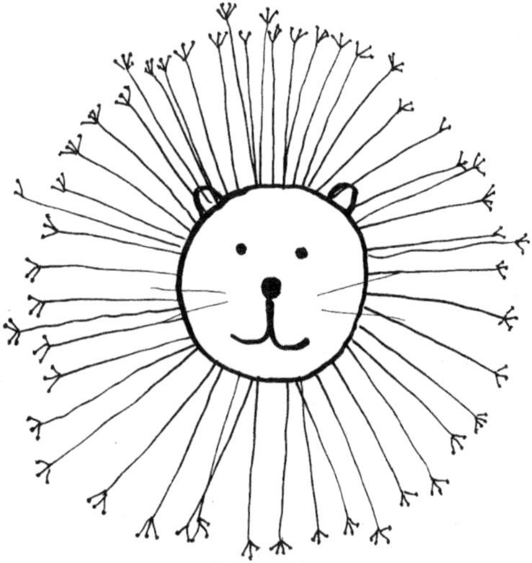

Wenn Löwen alt werden, verwandeln sie sich in Pustekatzen.

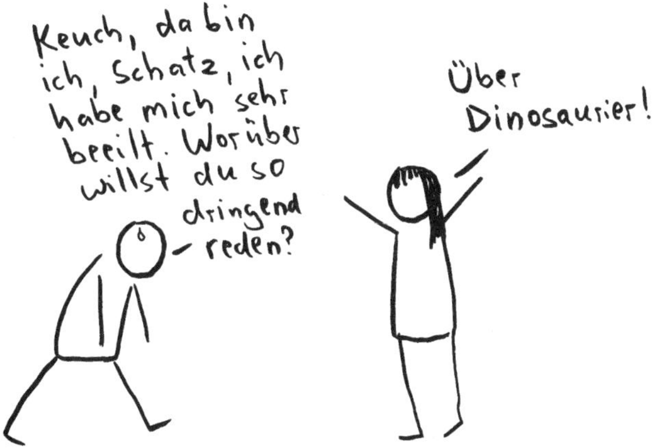
Keuch, da bin ich, Schatz, ich habe mich sehr beeilt. Worüber willst du so dringend reden?
Über Dinosaurier!

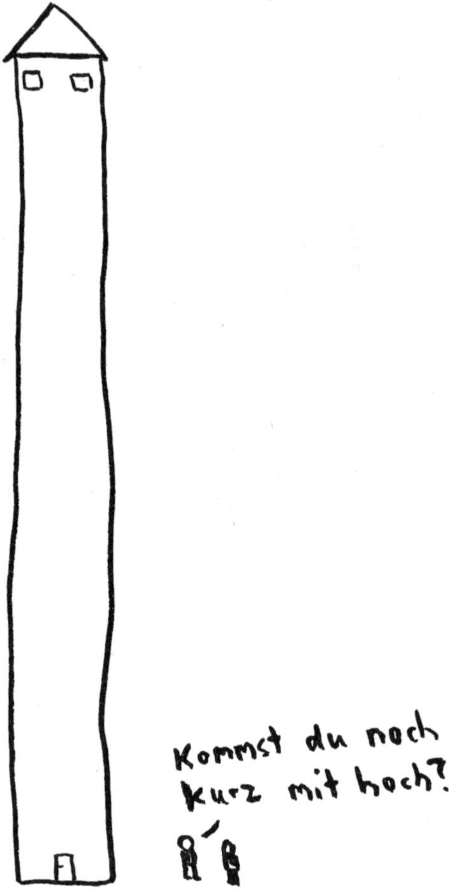
Kommst du noch
kurz mit hoch?

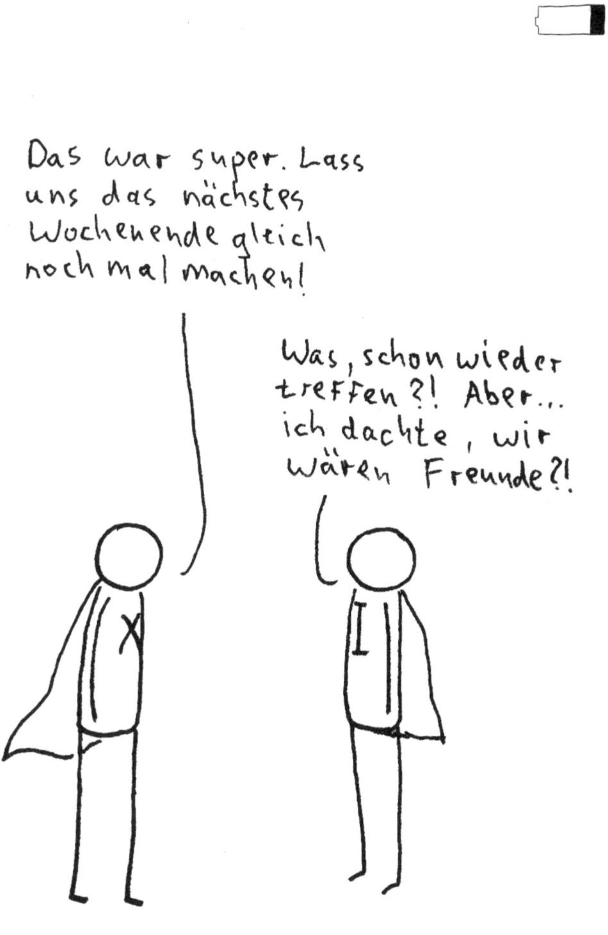
Das war super. Lass uns das nächstes Wochenende gleich nochmal machen!
Was, schon wieder treffen?! Aber… ich dachte, wir wären Freunde?!

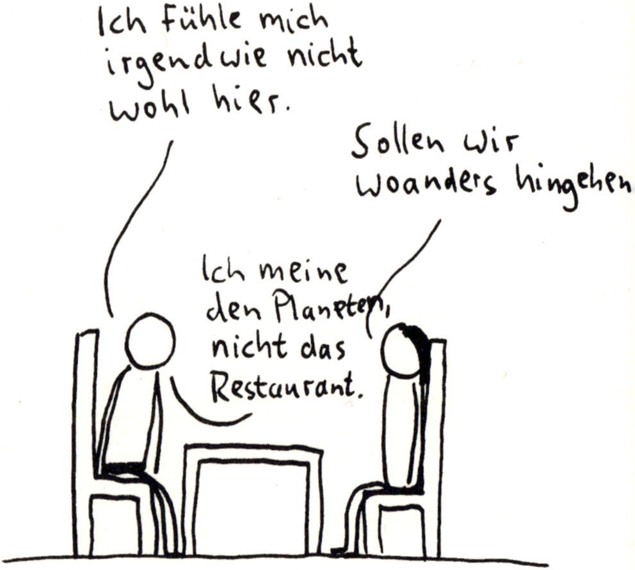

Ich fühle mich irgendwie nicht wohl hier.
Sollen wir woanders hingehen
Ich meine den Planeten, nicht das Restaurant.

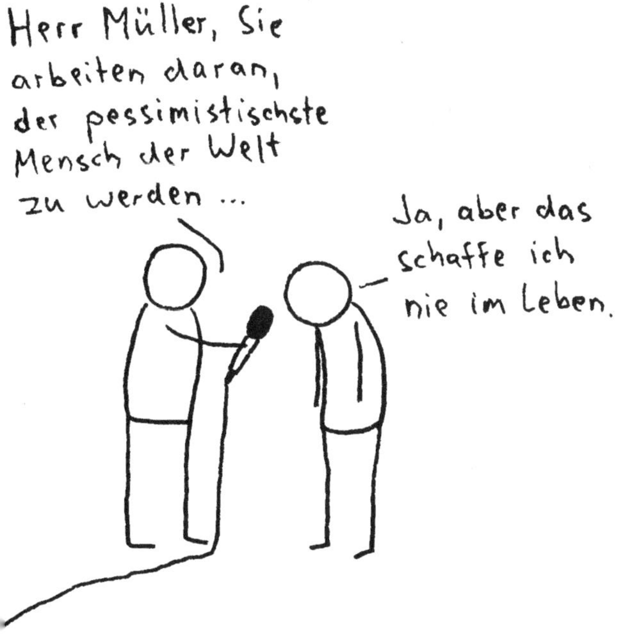

Herr Müller, Sie arbeiten daran, der pessimistischste Mensch der Welt zu werden ...
Ja, aber das schaffe ich nie im Leben.

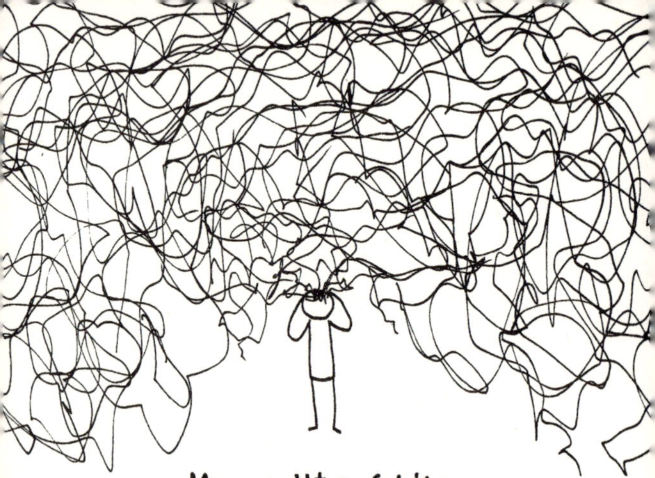

Man sollte Schilder in meinem Kopf aufstellen, damit ich mich dort nicht ständig verirre.

Ich habe geschlafen
wie ein Stein.
Das Einschlafen war
so hart und das
Aufwachen war so
schwer wie ein Stein
und dazwischen
hat mich, glaube
ich, jemand
geworfen.

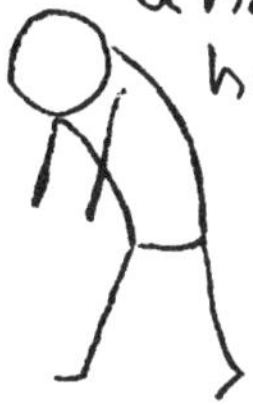

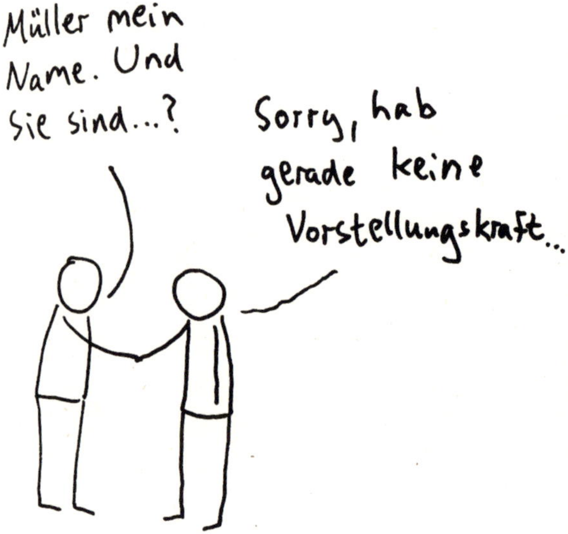
Müller mein Name. Und Sie sind …?
Sorry, hab gerade keine Vorstellungskraft …

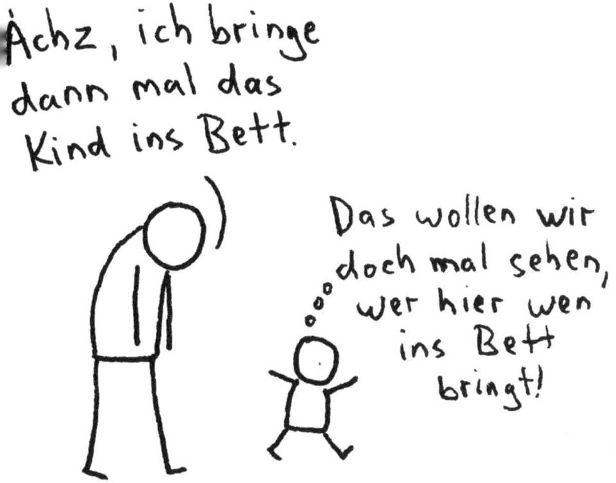
Ächz, ich bringe dann mal das Kind ins Bett.
Das wollen wir doch mal sehen, wer hier wen ins Bett bringt!

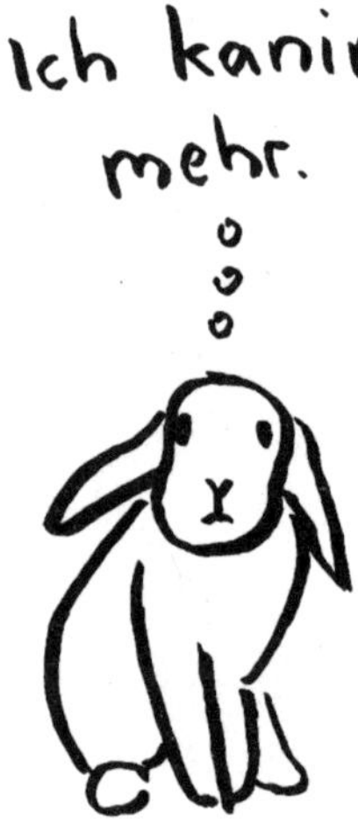
Ich kaninch
mehr.

Ich muss Dinge erledigen,
habe aber all meine Energie
schon damit verbraucht,
mir Sorgen wegen der
unerledigten Dinge zu machen!

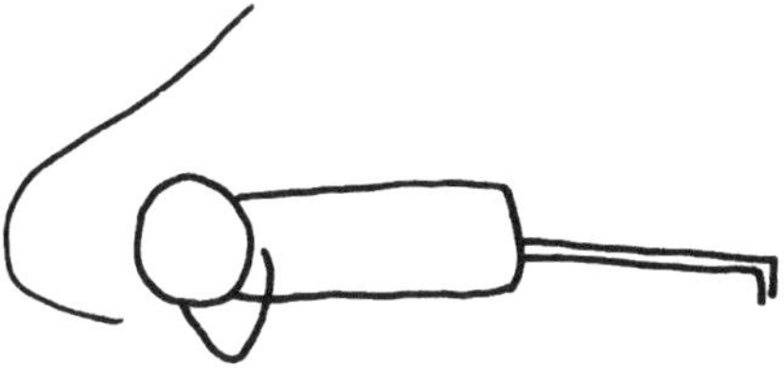

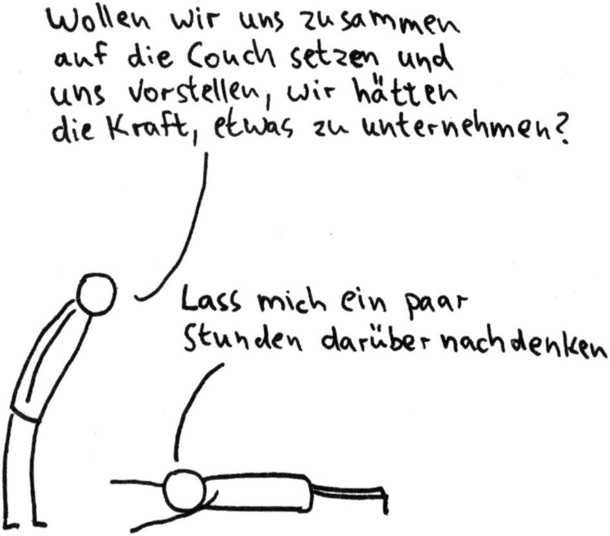
Wollen wir uns zusammen auf die Couch setzen und uns vorstellen, wir hätten die Kraft, etwas zu unternehmen?
Lass mich ein paar Stunden darüber nachdenken

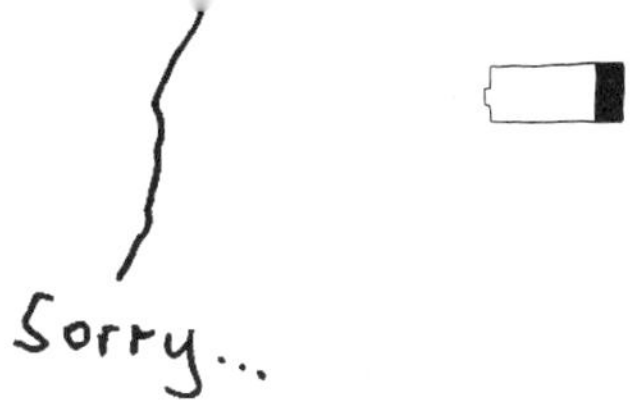
Sorry...

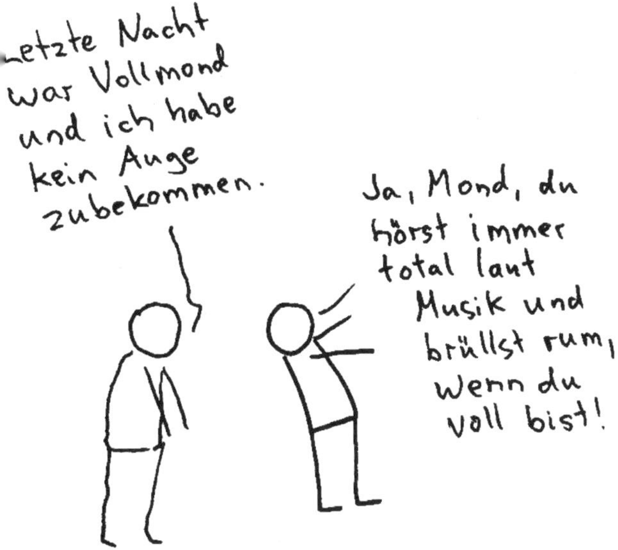
Letzte Nacht war Vollmond und ich habe kein Auge zubekommen.
Ja, Mond, du hörst immer total laut Musik und brüllst rum, wenn du voll bist!

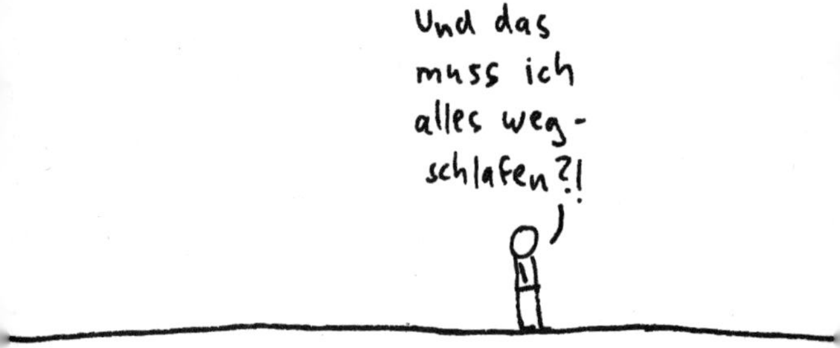
Und das muss ich alles weg-schlafen?!

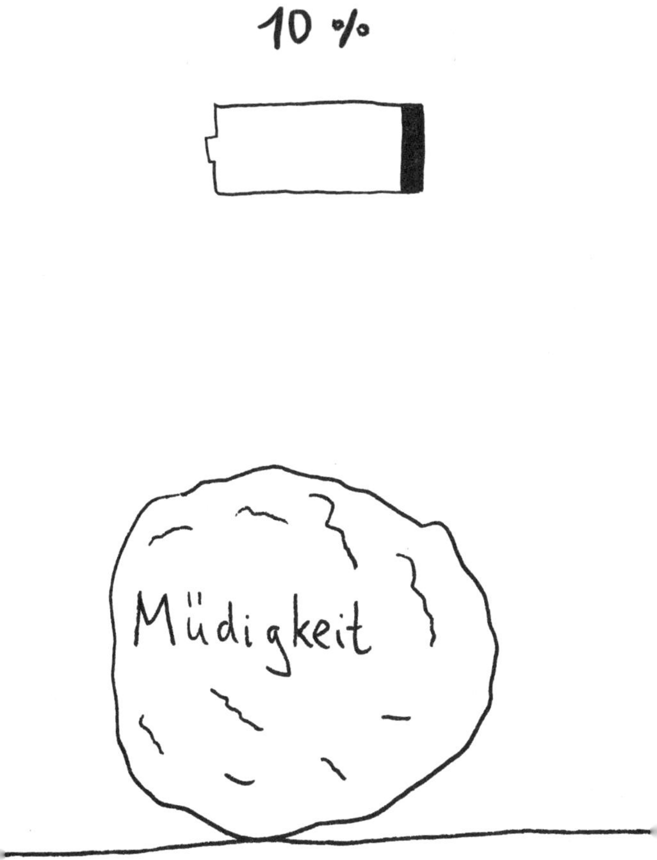
10 %
Müdigkeit

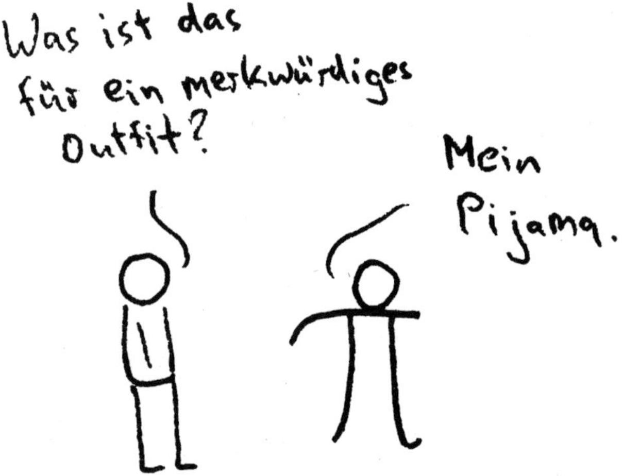
Was ist das für ein merkwürdiges Outfit?
Mein Pijama.

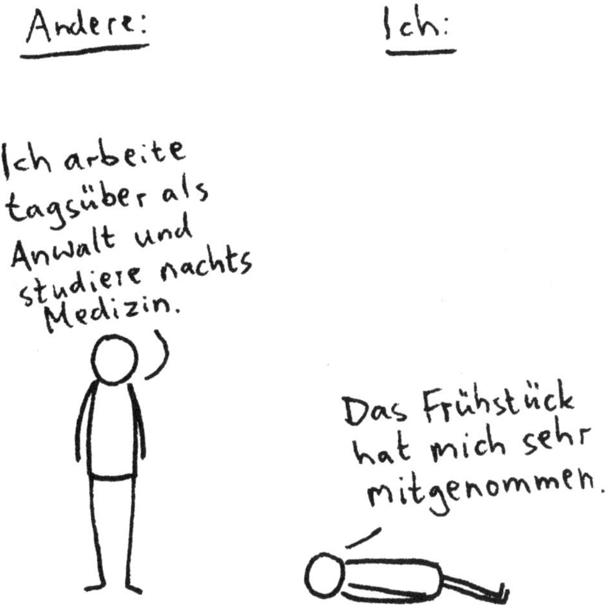
Andere:
Ich:
Ich arbeite tagsüber als Anwalt und studiere nachts Medizin.
Das Frühstück hat mich sehr mitgenommen.

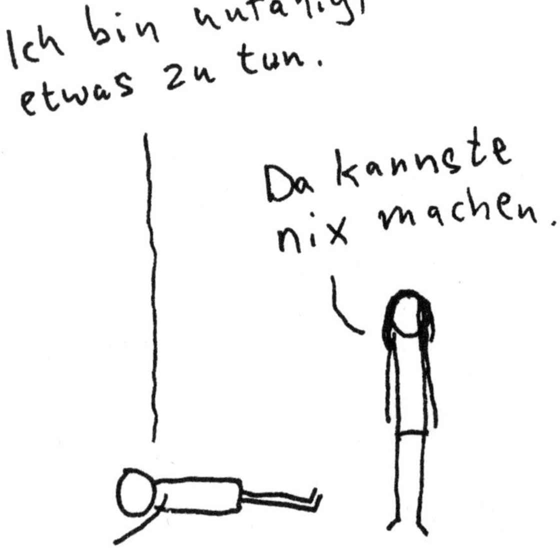
Ich bin unfähig, etwas zu tun.
Da kannste nix machen.

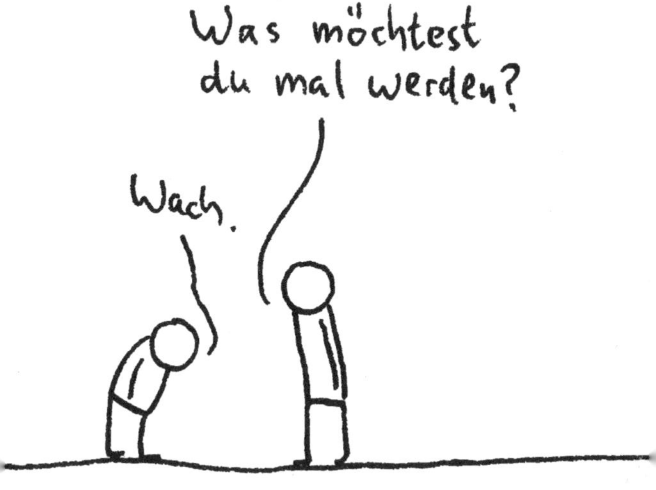
Was möchtest du mal werden?
Wach.

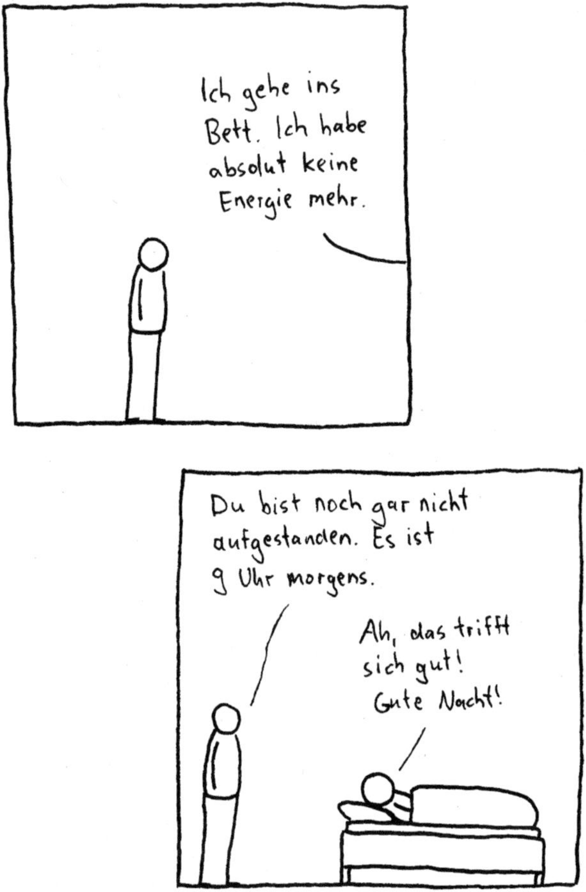
Ich gehe ins Bett. Ich habe absolut keine Energie mehr.
Du bist noch gar nicht aufgestanden. Es ist 9 Uhr morgens.
Ah, das trifft sich gut! Gute Nacht!

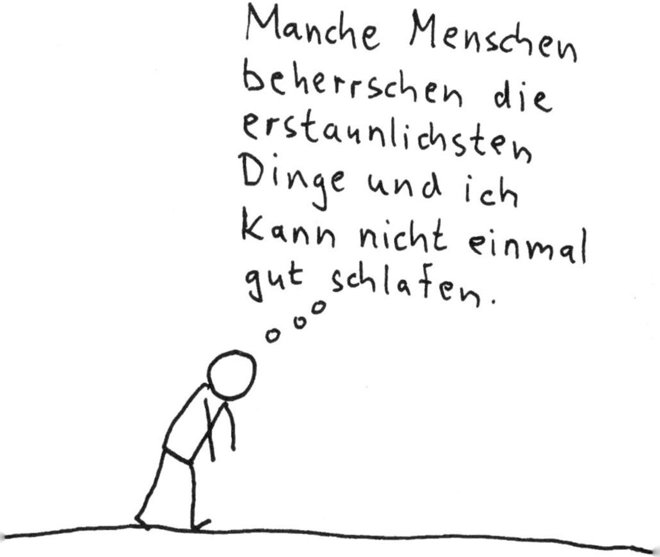
Manche Menschen beherrschen die erstaunlichsten Dinge und ich kann nicht einmal gut schlafen.

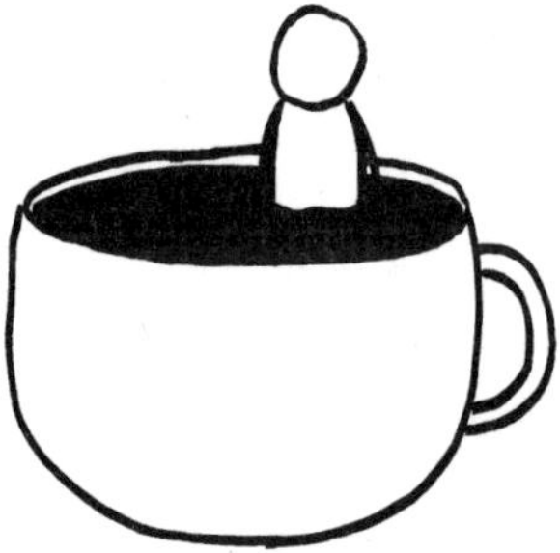

Mir ist, als ob es tausend Kaffees gäbe
und hinter tausend Kaffees ist kein Wach.

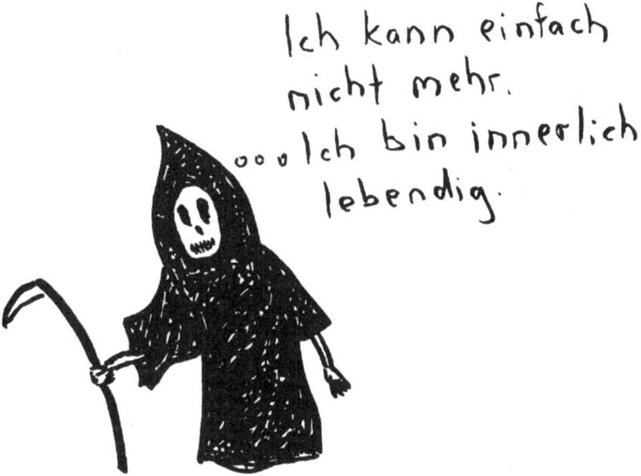
Ich kann einfach nicht mehr.
...Ich bin innerlich lebendig.

Null

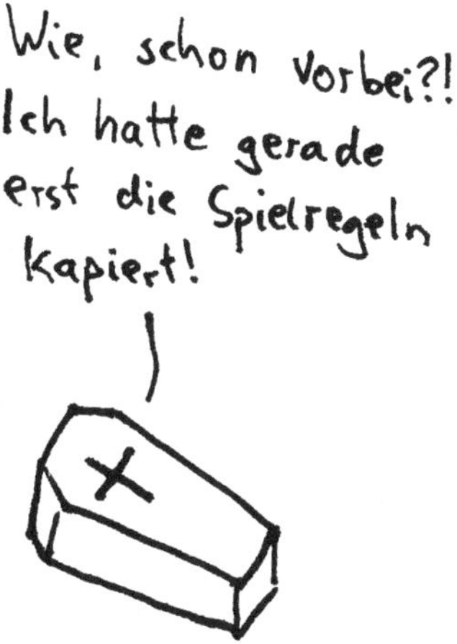
Wie, schon vorbei?! Ich hatte gerade erst die Spielregeln kapiert!

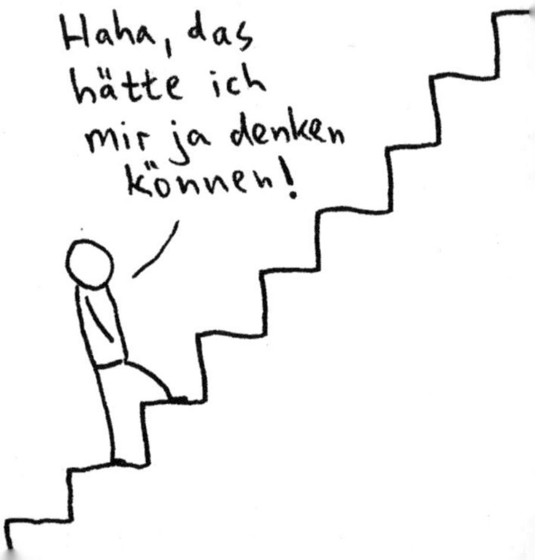
Haha, das hätte ich mir ja denken können!

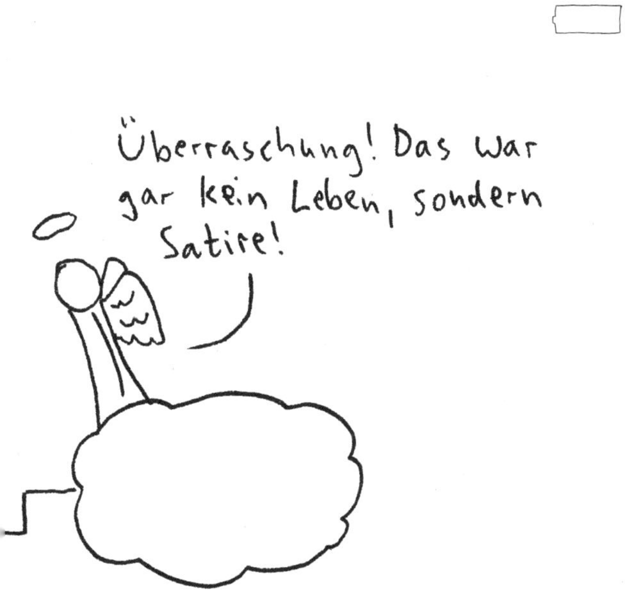
Überraschung! Das war gar kein Leben, sondern Satire!

Nachwort

Oft werde ich gefragt, ob meine Cartoons autobiographisch seien, worauf ich in diesem Fall nur entgegnen kann, dass ich ganz sicher kein Männchen ohne Eigenschaften bin. Ich bin zum Beispiel stolzer Besitzer eines Gesichts, von dem ich ausgiebig Gebrauch mache, indem ich verdrießlich durch die Gegend blicke. Der Grund meines Verdrusses? Zu viele Eigenschaften, die ich, nun ja, tatsächlich nicht besitze. Dieses Nachwort zum Beispiel schreibe ich auf den allerletzten Drücker, weil Fleiß, Disziplin und Pünktlichkeit mir fehlen im doppelten Wortsinn: 1. Ich habe diese Eigenschaften nie besessen. 2. Ich vermisse sie ganz fürchterlich. Offenbar fehlt mir außerdem die Fähigkeit, ein Nachwort zu verfassen, das kein kompletter Downer ist, aber im nächsten Absatz versuche ich, das Ruder rumzureißen.

Neuer Absatz, neues Glück. Vergessen wir lieber, was mein Vergangenheits-Ich zu Papier gebracht hat, der komische Typ. Mein Gegenwarts-Ich hingegen klopft sich kräftig auf die Schulter, die ich, im Gegensatz zu meinen Figuren, sehr wohl besitze. Denn dass meine Arbeit damit geadelt wird, in einem dieser ikonischen gelben Bücher seinen Platz zu finden, ist einfach nur: Wow! Diese Formulierung mag profan anmuten, aber so drücken wir 41-jährigen Jugendlichen uns nun mal aus. Ganz und gar nicht profan sind hingegen meine Gefühle: Freude, Stolz und Unglaube. Man gewöhnt sich an alles, auch an die verrücktesten Dinge, aber daran, dass es nun ein wirkliches, echtes @kriegundfreitag-Reclam-Buch gibt, kann und will ich mich nicht gewöhnen (denn das Gefühl ist einfach zu schön).

Ja, am liebsten würde ich all meine Deutschlehrer:innen ausfindig machen, die mich mit Reclam-Ausgaben von Goethe, Schiller und Kleist gequält, äh, ich meine: erfreut haben, um ihnen dieses Büchlein unter die Nasen zu halten. Dann würden sie wohl sagen: »Wer sind Sie und was fällt Ihnen ein zu gendern?« Es sind halt Lehrer:innen, äh, Lehrer der alten Schule.

Ob das hier jemals Pflichtlektüre wird? Ich wage es zu bezweifeln. Aber in meinem Leben sind, seitdem ich mit 34 Jahren zum ersten Mal einen Strichmenschen-Cartoon gezeichnet habe, so viele unglaubliche Dinge passiert, dass ich selbst das nicht ausschließen möchte.

Wenn ihr also ein Referat über dieses Buch verfassen müsst, ihr Armen, und ihr irgendetwas nicht verstanden habt, dann schreibt mir gerne in den sozialen Medien, und ich werde vergessen euch zu antworten (siehe oben unter ›fehlender Fleiß‹). Wie auch immer ihr mein Werk interpretiert: Es wird schon stimmen. Die ganze Klasse kriegt eine eins. Und ich kriege mich nicht mehr ein. Ich, ein Ex-Versicherungsangestellter aus Krefeld, bin nun Reclam-Autor!

Tobias Vogel
@kriegundfreitag

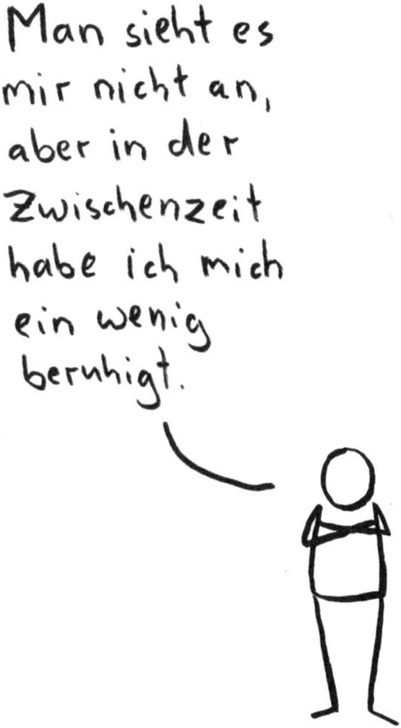
Man sieht es mir nicht an, aber in der Zwischenzeit habe ich mich ein wenig beruhigt.